これだけで バッチリ

米作先生の
英検®合格
請負人シリーズ

杉田 米行 著

英検® **5**級

Webで
リスニング

大学教育出版

英検®5級について

　実用英語技能検定（英検®）は、公益財団法人 日本英語検定 協会が主催し、文部科学 省 が後援する資格試験です。3級以上は「読む」「聞く」「書く」「話す」の4技能で、4・5級は「読む」「聞く」の2技能で合否が決定されます。

　その資格は社会的にも 評価が高く、資格を取得することで、多くの高校・大学の 入 学試験や単位認定で活用されます。また、英検® は世界各国の 教 育機関でも認定されている資格なので、準2級以上は、海外に 留 学するときに語学 力 の 証 明となります。

◆ 試験日程

　試験は年に3回 行 われます。

第1回検定 …… 6月　　　第2回検定 …… 10月　　　第3回検定 …… 1月

◆ 検定料（本会場）

1級	準1級	2級	準2級	3級	4級	5級
11,800円	9,800円	8,400円	7,900円	6,400円	4,500円	3,900円

※ 2022年度の検定 料 です。
※会場は準 会 場（団体のみ）もあり、その検定料は本会場とは異なります。

◆ 申し込み方法
○ 個人で申し込む場合

インターネット 申し込み	方法①：「英ナビ！」から申し込み
	方法②：クイック申し込み ◎申し込みに必要な個人 情 報を1つの画面上 で簡単登録。 ☆検定 料 のお支払い：クレジットカード一括払い、コンビニエンスストア 現金支払い、郵便 局 ATM（Pay-easy）払い。
コンビニ申し込み	方法：コンビニエンスストアの 情 報端末機に必要 情 報を 入 力 ☆検定 料 のお支払い：情 報端末機から 出 力 される「申込券」を持って、検定 料 を30分以内にレジで支払う。

特約書店申し込み	方法：特約書店で願書をもらい、記入
	→ 特約書店で検定料を支払う
	→ 受け取った「書店払込証書」と「願書」を専用封筒に入れて、(公財)日本英語検定協会へ郵送
	※書店では「書店払込証書」と「領収書」が発行されるが、領収書は送付不要。
	※郵送に日にちを要すので、申込期間に注意しましょう！

○ 団体で申し込む場合

　学校や塾など、それぞれの団体にお問い合わせください。

◆ 受験の流れ

申し込み → 一次試験受験票到着※ → 一次試験受験 → 一次試験結果通知 → スピーキングテスト※※ → スピーキングテスト結果通知

　※　一次受験票は試験日の1週間前までに到着します。届かなかったら、英検サービスセンターに問い合わせましょう。

　※※　スピーキングテストは、受験申込者全員が受験可能な任意のテストです。専用の受験サイトにアクセスして受験します。合格者には「5級スピーキングテスト合格」という資格が認定されます。級そのものの認定(合否)には関係しません。

◆ 受験の心得

● 早めに試験会場に行きましょう。
● 携帯電話の電源は切りましょう。
● 教室に入ってからは、試験監督の指示に従いましょう。
● 放送に従って、解答用紙の記入欄に必要事項を正しく記入しましょう。
● 試験中、他の受験者の迷惑になる行動はやめましょう。
● 試験中に困ったことがあったら、静かに手をあげて試験監督に知らせましょう。
● 問題を早く解き終わっても静かにしていましょう。

◎問題冊子には書き込みをしてもかまいません。
◎問題冊子は持ち帰り、英検ウェブサイトの解答速報を見て自己採点してみましょう。

◆ 持ち物チェックリスト

☐ 一次受験票・本人確認票
☐ HB の黒鉛筆（シャープペンシルも可）
☐ 消しゴム
☐ 上履き・くつ袋（要・不要は受験票で通知）
☐ 腕時計（携帯電話・スマートフォン・ウェアラブル端末等は時計として使用

できません。）
※寒暖に対応できる服装で臨みましょう。

◆ 問い合わせ先
公益財団法人 日本英語検定協会 英検サービスセンター
● 個人申込受付 TEL：03-3266-8311
● 受付時間：平日 9:30 ～ 17:00（土・日・祝日を除く）
ただし、試験前日・当日は下記の通り窓口が開設されています。
（試験前日 9:00 ～ 17:30 ／ 試験当日 8:00 ～ 17:30）

※ 2022 年 12 月現在の情報です。内容は変わる場合がありますので、受験の際は必ず
（公財）日本英語検定協会のウェブサイトなどをご確認ください。

まえがき

この本は以下の2つの点を心がけています。

① 短くシンプルですが、習得すべきものをぎゅっと詰め込んだ例文を暗唱することで、英検®5級合格に必要なことを身につけることができます。

② 文法用語や文法の説明をできるだけ少なくし、ドリルを多くしています。和文英訳が英語力向上の王道です。論理的理屈（文法）ではなく、「習うより慣れろ」です。

この本では各項目のドリルを充実させました。和文を見てすぐに英文が出てくるようになるまで練習しましょう。そして、英文でたずねて答えるパターン練習も充実していますので、これらもすべて暗唱できるまで練習しましょう。

英検®の問題は毎回一定のパターンで出題されます。奇問難問は出題されません。本書に掲載されている過去の問題とその解説をしっかり勉強しましょう。

みなさんが英検®5級の合格通知を手にできることを願っています。

実用英語技能検定（英検®）5級とは

　英検®5級は、中学初級（だいたい中学1年生修了）レベルとされています。簡単な英語を理解し、耳で聞き取ることができるかどうかを試すものです。出題されるのは基礎的で重要なものばかりで、英検®5級は英語学習の始まりといえます。英検®5級の合格率は80%程度だと言われています。英検®5級合格をめざして英語を勉強すれば、その後の英語学習の基礎固めにもなります。

★ 試験に使われる語彙数：300～600語程度（旺文社ウェブページ https://eigonotomo.com/eiken/eiken4kyuu_tango より）

★ 内容：筆記（25分）とリスニング（約20分）

★ 合否（級認定）：リーディングとリスニングの一次試験の合否のみで判定

※ スピーキングテスト：受験者全員が無料で受けられるテスト

　　　　　　　　　　受験する級の合否には無関係

　　　　　　　　　（☞ p.44 参照）

★ 出題形式：標準的な良問が、毎回一定のパターンで出題される。

　Ⅰ. 筆記問題

　　パターン1　短文の語句空所補充問題　　　15問

　　パターン2　会話文の文空所補充問題　　　5問

　　パターン3　日本文つき単文の語句整序問題　5問

　Ⅱ. リスニング問題

　　第1部　会話の応答文選択問題　　　　10問

　　第2部　会話の内容一致選択問題　　　5問

　　第3部　イラストの内容一致選択問題　10問

放送は2回くり返されます。

米作先生の英検®合格請負人シリーズ
これだけでバッチリ👍 英検®5級

目 次

この本の使い方

ドリルへの取り組み方

①赤シートで解答をかくして言ってみましょう。

②解答を見て、正解を声に出して言いましょう。

③何回も繰り返して、暗唱しましょう。

※暗唱できるようになった問題の番号に○をつけておくといいね！

おすすめ！

過去問題への取り組み方

①まずは、解答・解説を見ないで挑戦しましょう。

※赤シートで解答を消せます。

※リスニング問題のところは、この本のカバーのそで
で解答・解説をかくすことができます。

まずは、耳で聞くだけで解いてみましょう。

②解き終わったら、解説を確認しましょう。

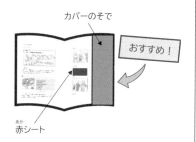

カバーのそで

おすすめ！

赤シート

リスニング・スピーキング対策

ヘッドフォンアイコンがついているところは音声を聞くことができます。

下記のURLから、または二次元バーコードを読み取って専用サイトにアクセスし、お聞きになりたいトラック番号を選択してください。

https://www.kyoiku.co.jp/06support/eiken-grade5.html

325

トラック番号

第1章

だい　しょう

5級対策レッスン

きゅうたいさく

【この章にでてくる人物】

ヨネモン一家

ヨネモン
小学校3年生

パパモン ヨネモンの
父親 商社マン

ママモン ヨネモンの
母親 高校の音楽教師

ココモン ヨネモン
の妹 幼稚園児

カナモン ヨネモン
の弟 小学校1年生

ナッツモン ヨネモン
の姉 中学生

ガクモン ヨネモン
の兄 高校生

スミス一家

Ben Smith
小学校3年生

Lisa Smith
ベンの姉 大学生

Thomas Smith
ベンの父親 医師

Mary Smith
ベンの母親 シェフ

1 be 動詞

お父さんの転勤でアメリカに住むことになったヨネモン一家は、シカゴ・オーヘア空港に到着しました。出迎えに来てくれたスミス一家と無事に会うことができました。

1 **Yonemon**: My name **is** Yonemon. I **am** eight years old.

ヨネモン：わたしの名前はヨネモンです。わたしは8歳です。

Ben: I **am** Ben. He **is** my father. She **is** my mother. This **is** my sister.

ベン：わたしはベンです。彼はわたしの父です。彼女はわたしの母です。これはわたしの姉です。

Yonemon: They **are** my parents, Papamon and Mamamon. They **are** my brothers, Gakumon and Kanamon. They **are** my sisters, Nattsumon and Cocomon.

　　　　　We **are** from Osaka, Japan.

ヨネモン：彼らはわたしの両親のパパモンとママモンです。彼らはわたしの兄弟のガクモンとカナモンです。彼女らはわたしの姉妹のナッツモンとココモンです。わたしたちは日本の大阪出身です。

Ben: Your small bag **is** over there.

ベン：あなたの小さなカバンはあそこにあります。

Nattsumon: It **is** blue and beautiful.

ナッツモン：それは青色で美しい。

解説

　be動詞というのは、「Aは〜です」「Bは〜にいます」「Cは〜にあります」という意味になります。主語（A、B、C）が変わると次のようにbe動詞も変わります。表で覚えましょう。

単数の主語	be動詞	複数の主語	be動詞
I（わたしは）	am	we（わたしたちは）	are
you（あなたは）	are	you（あなた方は）	are
he/she/it （彼は、彼女は、それは）	is	they（彼らは、彼女らは、それらは）	are

◆ be動詞を用いた文は次のようになります。

I am a tennis player.

Are you a tennis player?

Yes, I am. I am a tennis player.

No, I am not. I am not a tennis player.

わたしはテニスの選手です。

あなたはテニスの選手ですか？

はいそうです。わたしはテニスの選手です。

いいえちがいます。わたしはテニスの選手ではありません。

These children are at the zoo near the station.

Are these children at the zoo near the station?

Yes, they are. These children are at the zoo near the station.

No, they aren't. These children aren't at the zoo near the station.

これらの子どもたちはその駅の近くの動物園にいます。

これらの子どもたちはその駅の近くの動物園にいますか。

はい、います。これらの子どもたちはその駅の近くの動物園にいます。

いいえ、いません。これらの子どもたちはその駅の近くの動物園にいません。

4 He is from Australia.

Is he from Australia?

Yes, he is. He is from Australia.

No, he isn't. He isn't from Australia.

そうです。彼_{かれ}はオーストラリア 出 身_{しゅっしん}です。

彼_{かれ}はオーストラリア 出 身_{しゅっしん}ですか。

はい、そうです。彼_{かれ}はオーストラリア 出 身_{しゅっしん}です。

いいえ、ちがいます。彼_{かれ}はオーストラリア 出 身_{しゅっしん}ではありません。

ドリル

日本語_{にほんご}を見_みて

①英語_{えいご}にしましょう。

②たずねる文_{ぶん}にしましょう。

③ Yes でていねいに答_{こた}えましょう。

④ No でていねいに答_{こた}えましょう。

くり返_{かえ}し声_{こえ}に出_だして
覚_{おぼ}えよう！

5 1. この 男_{おとこ} の人_{ひと}は 私_{わたし} の叔父_{おじ}さんです。

① This man is my uncle.

② Is this man your uncle?

③ Yes, he is. This man is my uncle.

④ No, he isn't. This man isn't my uncle.

6 2. わたしはきょうの午後_{ごご}忙_{いそが}しい。

① I am busy this afternoon.

② Are you busy this afternoon?

③ Yes, I am. I'm busy this afternoon.

④ No, I'm not. I'm not busy this afternoon.

7 3. わたしはボストン出身です。

① I am from Boston.

② Are you from Boston?

③ Yes, I am. I'm from Boston.

④ No, I'm not. I'm not from Boston.

 8 4. あなた方はよい高校生です。

① You are good high school students.

② Are we good high school students?

③ Yes, you are. You are good high school students.

④ No, you are not. You are not good high school students.

 9 5. 彼は背の高い理科の先生です。

① He is a tall science teacher.

② Is he a tall science teacher?

③ Yes, he is. He is a tall science teacher.

④ No, he isn't. He isn't a tall science teacher.

 10 6. 彼女は親切な看護師です。

① She is a kind nurse.

② Is she a kind nurse?

③ Yes, she is. She is a kind nurse.

④ No, she isn't. She isn't a kind nurse.

 11 7. わたしたちはその病院の近くの博物館にいます。

① We are in the museum near the hospital.

② Are you in the museum near the hospital?

③ Yes, we are. We are in the museum near the hospital.

④ No, we aren't. We aren't in the museum near the hospital.

12 8. 彼の叔母さんは 新 しい台 所 にいます。

① His aunt is in the new kitchen.

② Is his aunt in the new kitchen?

③ Yes, she is. His aunt is in the new kitchen.

④ No, she isn't. His aunt isn't in the new kitchen.

13 9. 彼女のめいは 6 時に事務所にいます。

① Her niece is in her office at six o'clock.

② Is her niece in her office at six o'clock?

③ Yes, she is. Her niece is in her office at six o'clock.

④ No, she isn't. Her niece isn't in her office at six o'clock.

14 10. 彼らは 正 直な市民です。

① They are honest citizens.

② Are they honest citizens?

③ Yes, they are. They are honest citizens.

④ No, they aren't. They aren't honest citizens.

15 11. あれは 美 しい公園です。

① That is a beautiful park.

② Is that a beautiful park?

③ Yes, it is. That is a beautiful park.

④ No, it isn't. That isn't a beautiful park.

16 12. ドイツは温暖な 国です。

① Germany is a warm country.

② Is Germany a warm country?

③ Yes, it is. Germany is a warm country.

④ No, it isn't. Germany isn't a warm country.

17　13. 彼_{かれ}のお兄_{にい}さんは優_{やさ}しい歯_は医_い者_{しゃ}です。

　　① His brother is a kind dentist.

　　② Is his brother a kind dentist?

　　③ Yes, he is. His brother is a kind dentist.

　　④ No, he isn't. His brother isn't a kind dentist.

 18　14. 彼_{かれ}の息_{むす}子_こと 娘_{むすめ} は大_{だい}都_と市_しにいます。

　　① His son and daughter are in a big city.

　　② Are his son and daughter in a big city?

　　③ Yes, they are. His son and daughter are in a big city.

　　④ No, they aren't. His son and daughter aren't in a big city.

 19　15. 彼_{かの}女_{じょ}はその白_{しろ}いホテルの大_{おお}きな窓_{まど}のそばにいます。

　　① She is by the big window in the white hotel.

　　② Is she by the big window in the white hotel?

　　③ Yes, she is. She is by the big window in the white hotel.

　　④ No, she isn't. She isn't by the big window in the white hotel.

 20　16. わたしの甥_{おい}は立_{りっ}派_ぱなフランス語_ごの先_{せん}生_{せい}です。

　　① My nephew is a fine French teacher.

　　② Is your nephew a fine French teacher?

　　③ Yes, he is. My nephew is a fine French teacher.

　　④ No, he isn't. My nephew isn't a fine French teacher.

 21　17. あなたの友_{ゆう}人_{じん}はいつも怒_{おこ}っています。

　　① Your friend is always angry.

　　② Is my friend always angry?

　　③ Yes, he is. Your friend is always angry.

　　④ No, he isn't. Your friend isn't always angry.

not always〜 は「いつも〜とは限_{かぎ}らない」という意_い味_みだよ。

22 18. あのバナナブレッドはおいしいです。

  ① That banana bread is delicious.

  ② Is that banana bread delicious?

  ③ Yes, it is. That banana bread is delicious.

  ④ No, it isn't. That banana bread isn't delicious.

23 19. 彼女（かのじょ）の自転車（じてんしゃ）は銀行（ぎんこう）にあります。

  ① Her bicycle is at the bank.

  ② Is her bicycle at the bank?

  ③ Yes, it is. Her bicycle is at the bank.

  ④ No, it isn't. Her bicycle isn't at the bank.

24 20. 3冊（さつ）のスペイン語（ご）の辞書（じしょ）が 机（つくえ）の下（した）にあります。

  ① Three Spanish dictionaries are under the desk.

  ② Are three Spanish dictionaries under the desk?

  ③ Yes, they are. Three Spanish dictionaries are under the desk.

  ④ No, they aren't. Three Spanish dictionaries aren't under the desk.

Good !

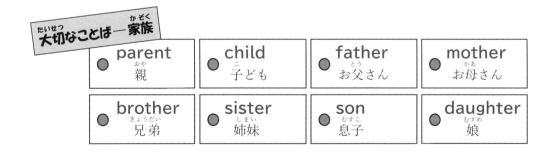

大切（たいせつ）なことば―家族（かぞく）

| parent 親（おや） | child 子ども（こ） | father お父さん（とう） | mother お母さん（かあ） |
| brother 兄弟（きょうだい） | sister 姉妹（しまい） | son 息子（むすこ） | daughter 娘（むすめ） |

2 一般動詞 (いっぱんどうし)

ヨネモン一家 (いっか) とスミス一家 (いっか) は空港 (くうこう) から帰路 (きろ) につきます。

🎧 **25**

Yonemon: Gakumon **looks** at the bus schedule on the wall.

ヨネモン：ガクモンは壁 (かべ) に貼 (は) られているバスの時刻表 (じこくひょう) を見 (み) ます。

Mamamon: We **read** the guidebook about Madison before lunch.

ママモン：わたしたちは昼食前 (ちゅうしょくまえ) にマディソンのガイドブックを読 (よ) みます。

Kanamon: Ben **knows** that the bus **leaves** at three o'clock.

カナモン：ベンはバスが3時 (じ) に出発 (しゅっぱつ) するのを知 (し) っています。

解説 (かいせつ)

　be動詞以外 (どうしいがい) のすべての動詞 (どうし) を一般動詞 (いっぱんどうし) と言 (い) います。5級合格 (きゅうごうかく) のためには基本的 (きほんてき) なものを習得 (しゅうとく) しましょう。一般動詞 (いっぱんどうし) は主 (おも) に動作 (どうさ) を表 (あらわ) しますが、なかには状態 (じょうたい) を表 (あらわ) すものもあります。一般動詞 (いっぱんどうし) は go 以外 (いがい) にも have（～を持 (も) っている）、like（～を好 (この) む）、read（～を読 (よ) む）、write（～を書 (か) く）などたくさんあります。

　また主語 (しゅご) が I と you 以外 (いがい)（三人称 (さんにんしょう)）の単数 (たんすう) のとき、原則 (げんそく) として一般動詞 (いっぱんどうし) の末尾 (まつび) に s [es] をつけます。ただし s [es] のつけ方 (かた) には次 (つぎ) の規則 (きそく) があります。

①単語の終わりが s, sh, ch, x, o の場合：es をつける。

　例：go → goes, catch → catches, do → does, push → pushes

②子音（a, i, u, e, o 以外の文字）＋ y で終わっている場合：y を i にかえて es をつける。

　例：fly → flies, carry → carries, study → studies

③不規則な変化　例：have → has

④その他は s をつけるだけ。　例：drink → drinks, talk → talks, write → writes

◆一般動詞を用いた文は次のようになります。

26

I drink a glass of milk every morning.

Do you drink a glass of milk every morning?

Yes, I do. I drink a glass of milk every morning.

No, I don't. I don't drink a glass of milk every morning.

わたしは毎朝グラス1杯の 牛 乳 を飲みます。

あなたは毎朝グラス1杯の 牛 乳 を飲みますか。

はい。わたしは毎朝グラス1杯の 牛 乳 を飲みます。

いいえ。わたしはグラス1杯の 牛 乳 を毎朝飲むわけではありません。

27

He walks to the post office.

Does he walk to the post office?

Yes, he does. He walks to the post office.

No, he doesn't. He doesn't walk to the post office.

彼は郵便 局 へ歩いて行きます。

彼は郵便 局 へ歩いて行きますか。

はい。彼は郵便 局 へ歩いて行きます。

いいえ。彼は郵便 局 へ歩いて行きません。

28

They wash their hands before dinner.

Do they wash their hands before dinner?

Yes, they do. They wash their hands before dinner.

No, they don't. They don't wash their hands before dinner.

彼らは夕食の前に手を洗います。

彼らは夕食の前に手を洗いますか。

はい。彼らは夕食の前に手を洗います。

いいえ。彼らは夕食の前に手を洗いません。

ドリル

日本語を見て

①英語にしましょう。

②たずねる文にしましょう。

③Yes でていねいに答えましょう。

④No でていねいに答えましょう。

くり返し声に出して覚えよう！

29 1. わたしは学校で友人と毎日テニスをします。

① I play tennis with my friends at school every day.

② Do you play tennis with your friends at school every day?

③ Yes, I do. I play tennis with my friends at school every day.

④ No, I don't. I don't play tennis with my friends at school every day.

30 2. 彼はリンゴが大好きです。

① He likes apples very much.

② Does he like apples very much?

③ Yes, he does. He likes apples very much.

④ No, he doesn't. He doesn't like apples very much.

31 3. わたしたちは居間で毎朝テレビを観ます。

① We watch TV in the living room every morning.

② Do you watch TV in the living room every morning?

③ Yes, we do. We watch TV in the living room every morning.

④ No, we don't. We don't watch TV in the living room every morning.

32 4. 彼女は朝食前に宿題をします。

① She does her homework before breakfast.

② Does she do her homework before breakfast?

③ Yes, she does. She does her homework before breakfast.

④ No, she doesn't. She doesn't do her homework before breakfast.

33 5. わたしたちはわたしたちの小さな部屋に多くの本を持っています。

① We have a lot of books in our small room.

② Do you have a lot of books in your small room?

③ Yes, we do. We have a lot of books in our small room.

④ No, we don't. We don't have a lot of books in our small room.

34 6. 彼のかわいい犬はとても速く走ります。

① His cute dog runs very fast.

② Does his cute dog run very fast?

③ Yes, it does. His cute dog runs very fast.

④ No, it doesn't. His cute dog doesn't run very fast.

35 7. 多くの少年少女たちはニューヨークに住んでいます。

① Many boys and girls live in New York.

② Do many boys and girls live in New York?

③ Yes, they do. Many boys and girls live in New York.

④ No, they don't. Many boys and girls don't live in New York.

36 8. 彼らの友人たちはその赤い車を欲しがっています。

① Their friends want the red car.

② Do their friends want the red car?

③ Yes, they do. Their friends want the red car.

④ No, they don't. Their friends don't want the red car.

37 9. わたしの娘は毎日8時に学校へ行き、5時ごろに帰宅します。

① My daughter goes to school at eight and comes home around five every day.

② Does your daughter go to school at eight and come home around five every day?

③ Yes, she does. My daughter goes to school at eight and comes home around five every day.

④ No, she doesn't. My daughter doesn't go to school at eight and come home around five every day.

 38 10. 彼の叔母さんは、とても上手にフランス語を話します。

① His aunt speaks French very well.

② Does his aunt speak French very well?

③ Yes, she does. His aunt speaks French very well.

④ No, she doesn't. His aunt doesn't speak French very well.

 39 11. 彼女のお姉さんは毎晩TVを観ます。

① Her sister watches TV every night.

② Does her sister watch TV every night?

③ Yes, she does. Her sister watches TV every night.

④ No, she doesn't. Her sister doesn't watch TV every night.

 40 12. わたしたちの友人たちは放課後バスケットボールをします。

① Our friends play basketball after school.

② Do your friends play basketball after school?

③ Yes, they do. Our friends play basketball after school.

④ No, they don't. Our friends don't play basketball after school.

 41 13. 彼女の叔父さんは家で猫を3匹飼っています。

① Her uncle has three cats in his house.

② Does her uncle have three cats in his house?

③ Yes, he does. Her uncle has three cats in his house.

④ No, he doesn't. Her uncle doesn't have three cats in his house.

42 14. あのお店は切手を売っています。

　① That shop sells stamps.

　② Does that shop sell stamps?

　③ Yes, it does. That shop sells stamps.

　④ No, it doesn't. That shop doesn't sell stamps.

43 15. 彼のお母さんは毎週金曜日にお花を買います。

　① His mother buys flowers on Friday every week.

　② Does his mother buy flowers on Friday every week?

　③ Yes, she does. His mother buys flowers on Friday every week.

　④ No, she doesn't. His mother doesn't buy flowers on Friday every week.

44 16. あなたのお兄さんはいつも帰宅途中にその図書館に立ち寄ります。

　① Your brother always visits the library on his way home.

　② Does your brother always visit the library on his way home?

　③ Yes, he does. My brother always visits the library on his way home.

　④ No, he doesn't. My brother doesn't always visit the library on his way home.

45 17. わたしたちの理科の先生は学校行事でピアノを弾きます。

　① Our science teacher plays the piano at school events.

　② Does your science teacher play the piano at school events?

　③ Yes, he does. Our science teacher plays the piano at school events.

　④ No, he doesn't. Our science teacher doesn't play the piano at school events.

46 18. その女性は自分の事務所で午後に音楽を聴きます。

　① The woman listens to music in her office in the afternoon.

　② Does the woman listen to music in her office in the afternoon?

　③ Yes, she does. The woman listens to music in her office in the afternoon.

　④ No, she doesn't. The woman doesn't listen to music in her office in the afternoon.

47 19. 彼の仲の良い友人（男性）は毎週１杯のコーヒーを飲みます。

① His close friend drinks one cup of coffee every week.

② Does his close friend drink one cup of coffee every week?

③ Yes, he does. His close friend drinks one cup of coffee every week.

④ No, he doesn't. His close friend doesn't drink a cup of coffee every week.

48 20. わたしは彼らの名前を知っています。

① I know their names.

② Do you know their names?

③ Yes, I do. I know their names.

④ No, I don't. I don't know their names.

Good !

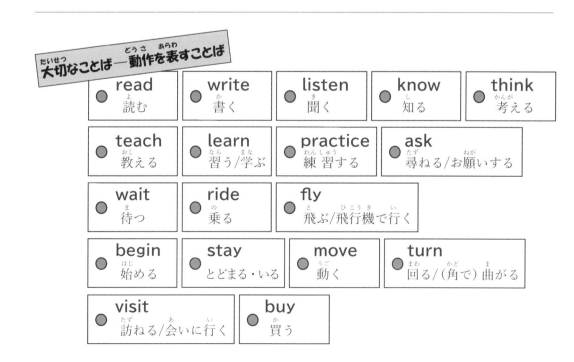

大切なことば — 動作を表すことば

read 読む	write 書く	listen 聞く	know 知る	think 考える
teach 教える	learn 習う/学ぶ	practice 練習する	ask 尋ねる/お願いする	
wait 待つ	ride 乗る	fly 飛ぶ/飛行機で行く		
begin 始める	stay とどまる・いる	move 動く	turn 回る/（角で）曲がる	
visit 訪ねる/会いに行く	buy 買う			

3 命令文
めいれいぶん

ヨネモン一家とスミス一家は空港からバスでマディソンへ向かっています。

49 Ben: **Find** your seat and **please sit** down.
ベン：あなたの席をみつけ、座ってください。

Ben: **Let's go** to Madison together.
ベン：一緒にマディソンへ行きましょう。

Ben: **Be** careful in the bus. **Don't be** afraid of others.
ベン：バスの中では注意してください。他の人を恐れないでください。

Ben: **Don't open** the window.
ベン：窓を開けないでください。

解説
かいせつ

　命令文とは主語がなく、動詞で始まる文のことです。「～しなさい」「～してください」「～しましょう」という意味になります。命令文を否定文にすれば、「～するな」「～してはいけません」という意味になります。

①命令文「〜しなさい」：動詞の原形〜．

※動詞がbe動詞の場合には、Be（be動詞の原形）〜．となります。

②依頼の命令文「〜してください」：Please＋動詞の原形〜．／ 動詞の原形〜，please.

※否定の依頼「〜しないでください」

→ Please＋don't＋動詞の原形〜．／ Don't ＋動詞の原形〜，please.
（語順に注意！）

③勧誘の命令文「〜しましょう」：Let's＋動詞の原形〜．

※否定の勧誘「〜しないでおきましょう」

→ Let's not ＋動詞の原形〜．（語順に注意！）

④否定の命令文「〜してはいけません」：Don't＋動詞の原形〜．

※動詞がbe動詞の場合には、Don't＋be（be動詞の原形）〜．となります。

◆次の和文を英文にすることで、命令文に慣れましょう。

 ＊他人にやさしくなりなさい。

Be kind to others.

 ＊悪人によくしてはいけません。

Don't be nice to bad people.

 ＊家で本を読みなさい。

Read books at home.

 ＊夜、外出してはいけません。

Don't go out at night.

 ＊教室をきれいにしましょう。

Let's clean our classroom.

大切なことば ― 場所 その1

station 駅	airport 空港	park 公園	school 学校	place 場所
hospital 病院	post office 郵便局	city hall 市役所	library 図書館	

ドリル ....

日本語を見て
①英語にしましょう。
②「～しなさい」という文にしましょう。
③「～してはいけません」という文にしましょう。

くり返し声に出して
覚えよう！

55 1. あなたは昼食の前に手を洗います。
① You wash your hands before lunch.
② Wash your hands before lunch.
③ Don't wash your hands before lunch.

56 2. あなたは夜にピザを食べます。
① You eat pizza at night.
② Eat pizza at night.
③ Don't eat pizza at night.

57 3. あなたは注意深い。
① You are careful.
② Be careful.
③ Don't be careful.

58 4. あなたは彼の宿題をします。
① You do his homework.
② Do his homework.
③ Don't do his homework.

59 5. あの部屋では、あなたは大きな声で話します。
① You speak loudly in that room.
② Speak loudly in that room.
③ Don't speak loudly in that room.

60 6. あなたは学校で本を読みます。

    ① You read books at school.

    ② Read books at school.

    ③ Don't read books at school.

 61 7. あなたは今週の火曜日11時にそのホテルを出ます。

    ① You leave the hotel at eleven o'clock this Tuesday.

    ② Leave the hotel at eleven o'clock this Tuesday.

    ③ Don't leave the hotel at eleven o'clock this Tuesday.

 62 8. あなたは図書館で騒ぎます。

    ① You are noisy in the library.

    ② Be noisy in the library.

    ③ Don't be noisy in the library.

 63 9. あなたはそのドアを開けます。

    ① You open the door.

    ② Open the door.

    ③ Don't open the door.

 64 10. あなたはここで野球をします。

    ① You play baseball here.

    ② Play baseball here.

    ③ Don't play baseball here.

大切なことば ― 場所 その2

● bank 銀行	● restaurant レストラン	● supermarket スーパー

Good!

4 現在進行形
げんざいしんこうけい

ヨネモン一家とスミス一家はマディソンにあるヨネモン一家の社宅に到着しました。

Ben: Your father and my father **are talking** about the house.
ベン：あなたのお父さんとわたしのお父さんは家のことを話しているところです。

Yonemon: I **am taking** a picture of this floor.
ヨネモン：わたしはこのフロアの写真をとっているところです。

Gakumon: You **are drinking** a cup of coffee.
ガクモン：あなたはコーヒーを飲んでいるところです。

Ben: Mamamon **is cleaning** the door.
ベン：ママモンはドアを掃除しているところです。

Mamamon: I'm **having** a good time.
ママモン：わたしは楽しく過ごしています。

解説

今、何かの動作をしていることを言うとき、現在進行形を使います。「〜している」という意味になります。現在形と現在進行形の大きなちがいは、現在形はふだんの習慣などを表すのに対して、現在進行形は今やっている動作を表すところです。

現在進行形のつくり方は、主語＋be動詞＋動詞の ing 形（＋now）. になります。

動詞の ing 形をつくるとき、下のようなルールがあります。

①基本のルール	ing をつける。	act → acting, do → doing, eat → eating
②e で終わっている場合	e を省略して ing をつける。	drive → driving, use → using, write → writing
③アクセントのある母音＋子音で終わっている場合	最後の子音を重ねて ing をつける。	run → running, stop → stopping

◆現在進行形を用いた文は次のようになります。

66

I am talking with my history teacher now.

Are you talking with your history teacher now?

Yes, I am. I am talking with my history teacher now.

No, I'm not. I'm not talking with my history teacher now.

わたしは今、歴史の先生と話しているところです。

あなたは今、歴史の先生と話しているところですか。

はい。わたしは今、歴史の先生と話しているところです。

いいえ。わたしは今、歴史の先生と話しているところではありません。

67

He is driving home.

Is he driving home?

Yes, he is. He is driving home.

No, he isn't. He isn't driving home.

彼は運転して帰宅中です。

彼は運転して帰宅中ですか。

はい、彼は運転して帰宅中です。

いいえ、彼は運転して帰宅中ではありません。

68 These people are selling their computers at the store.

Are these people selling their computers at the store?

Yes, they are. These people are selling their computers at the store.

No, they aren't. These people aren't selling their computers at the store.

これらの人々はその店で彼らのコンピュータを売っているところです。

これらの人々はその店で彼らのコンピュータを売っているところですか。

はい、これらの人々はその店で彼らのコンピュータを売っているところです。

いいえ、これらの人々はその店で彼らのコンピュータを売っているところではありません。

ドリル

日本語を見て

①英語にしましょう。

②たずねる文にしましょう。

③Yes でていねいに答えましょう。

④No でていねいに答えましょう。

くり返し声に出して覚えよう！

69 1. 彼らの兄弟姉妹は今、ドイツの音楽を聞いています。

① Their brothers and sisters are listening to German music now.

② Are their brothers and sisters listening to German music now?

③ Yes, they are. Their brothers and sisters are listening to German music now.

④ No, they aren't. Their brothers and sisters aren't listening to German music now.

70 2. わたしたちは今、駅でその列車を待っているところです。

① We are waiting for the train at the station now.

② Are you waiting for the train at the station now?

③ Yes, we are. We are waiting for the train at the station now.

④ No, we aren't. We aren't waiting for the train at the station now.

71 3. 彼は自分のリンゴを探しているところです。

① He is looking for his apple.

② Is he looking for his apple?

③ Yes, he is. He is looking for his apple.

④ No, he isn't. He isn't looking for his apple.

72 4. 彼の弟は今、ロンドンに滞在しています。

① His brother is staying in London now.

② Is his brother staying in London now?

③ Yes, he is. His brother is staying in London now.

④ No, he isn't. His brother isn't staying in London now.

73 5. わたしはあのコンピュータを使っているところです。

① I am using that computer.

② Are you using that computer?

③ Yes, I am. I'm using that computer.

④ No, I'm not. I'm not using that computer.

74 6. 彼女のお母さんはわたしたちのためにケーキを作っているところです。

① Her mother is baking a cake for us.

② Is her mother baking a cake for us?

③ Yes, she is. Her mother is baking a cake for us.

④ No, she isn't. Her mother isn't baking a cake for us.

75 7. 彼らは今、中国でテニスをしているところです。

① They are playing tennis in China now.

② Are they playing tennis in China now?

③ Yes, they are. They are playing tennis in China now.

④ No, they aren't. They aren't playing tennis in China now.

76 8. あなたは長いレポートを書いているところです。

① You are writing a long report.

② Are you writing a long report?

③ Yes, I am. I am writing a long report.

④ No, I'm not. I'm not writing a long report.

77 9. わたしたちはロシア語の新聞を読んでいるところです。

① We are reading a Russian newspaper.

② Are you reading a Russian newspaper?

③ Yes, we are. We are reading a Russian newspaper.

④ No, we aren't. We aren't reading a Russian newspaper.

78 10. わたしの叔母はその小さな村を訪問しているところです。

① My aunt is visiting the small village.

② Is your aunt visiting the small village?

③ Yes, she is. My aunt is visiting the small village.

④ No, she isn't. My aunt isn't visiting the small village.

Good!

よく使われる熟語を覚えよう！

listen to ～	（～を聞く）
wait for ～	（～を待つ）
look at ～	（～を見る）
look for ～	（～を探す）

5 疑問詞

ヨネモン一家はスミス家での歓迎パーティーに招待されました。

79

Lisa: **What** is your name?
リサ：あなたの名前は何ですか。

Kanamon: My name is Kanamon.
カナモン：わたしの名前はカナモンです。

Lisa: **How** do you usually go to school?
リサ：あなたは普通どのようにして通学しますか。

Kanamon: I usually go to school by bus.
カナモン：わたしは普通バスで通学します。

Lisa: **What** is Yonemon doing?
リサ：ヨネモンは何をしているところですか。

Cocomon: He is watching TV.
ココモン：彼はテレビを観ているところです。

Lisa: **Where** are your parents?
リサ：あなたのご両親はどこにいますか。

Nattsumon: They are in the garden.

ナッツモン： 両親は庭にいます。

Lisa: **When** does your brother go to bed today?

リサ：あなたの 弟 さんはきょういつ寝ますか。

Gakumon: He goes to bed around eight o'clock at night.

ガクモン： 弟 は夜8時ごろに寝ます。

Lisa: **Which** is your sandwich?

リサ：どちらがあなたのサンドウイッチですか。

Nattsumon: This one is my sandwich.

ナッツモン：こちらがわたしのサンドウイッチです。

Lisa: **Who** is singing?

リサ：だれが歌っていますか。

Yonemon: My mother is singing.

ヨネモン：わたしの母が歌っているところです。

Lisa: **Whose** box is this?

リサ：これはだれの箱ですか。

Cocomon: It is my uncle's.

ココモン：それはわたしの叔父のものです。

Lisa: **Why** does he study Chinese hard?

リサ：彼はどうして 中 国語を一 生 懸命勉 強 するのですか。

Kanamon: Because he wants to work in China.

カナモン：なぜなら、彼は 中 国で 働 きたいからです。

Lisa: **How many** dishes do you need?

リサ：あなたは何枚の皿が必要ですか。

Mamamon: I need four dishes.

ママモン：わたしは4枚の皿が必要です。

Lisa: **What time** is it now?

リサ：今何時ですか。

Gakumon: It is nine o'clock now.

ガクモン：今9時です。

Lisa: **Which** elementary school do you go to?

リサ：あなたはどの 小 学校に通いますか。

Yonemon: I go to Northeastern Elementary School.

ヨネモン：わたしはノースイースタン 小 学校に通います。

◆ 解説 ....

　疑問詞はいつ、だれが、どこで、何を、どのように…など、Yes, No で答えることができ
ない質問をするときに用います。疑問詞だけで使う場合と、他の語句と合わせて使う場
合があります。

＊疑問詞だけで使う場合

How	どのようにして	What	何
Where	どこ	When	いつ
Which	どちら	Who	だれ
Whose	だれの	Why	なぜ

＊他の語句と組み合わせて使う場合

　How many （いくつ）、What time（何時）、Which school（どの学校）など。

◆ ドリル ....

日本語を見て、英語にしましょう。

1. だれがわたしたちとテニスをしますか。
　彼です。彼がわたしたちとテニスをします。

　Who plays tennis with us?

　He <u>does</u>. He plays tennis with us.

疑問詞を使った文章の作り方はp.32〜p.33の例文を参考にしよう。

2. だれがバスケットボールをしますか。
　トムとマイクです。

　Who plays basketball?

　Tom and Mike <u>do</u>.

82 3. 何がおもしろいですか。

この絵がおもしろいです。

What is funny?

This picture <u>is</u>.

83 4. あなたは何が好きですか。

わたしはリンゴが好きです。

What do you like?

I like apples.

84 5. あなたの鳥はどこにいますか。

それはテーブルの下にいます。

Where is your bird?

It is under the table.

85 6. あなたのお父さんはいつそのボートのそうじをしますか。

土曜日にします。

When does your father clean the boat?

He cleans the boat on Saturday.

86 7. 彼は犬と猫のどちらが好きですか。

犬です。

Which does he like, dogs or cats?

He likes dogs.

87 8. これはだれのパンですか。

それはわたしの妹のパンです。

Whose bread is this?

It is my sister's.

88 9. どうして彼はお金持ちなのですか。

なぜなら、彼は一生懸命働くからです。

<u>Why</u> is he rich?

<u>Because</u> he works very hard.

 89 10. あなたはどちら出身ですか。

わたしはカナダ出身です。

<u>Where</u> are you from?

I'm from Canada.

 90 11. 彼はどの言語を話しますか。

彼はスペイン語を話します。

<u>What language</u> does he speak?

He speaks Spanish.

 91 12. だれが今、テレビで野球を観ていますか。

リサです。

<u>Who</u> is watching baseball on TV now?

Lisa <u>is</u>.

92 13. これらはだれの帽子ですか。

わたしの父親のものです。

<u>Whose caps</u> are these?

They are my father's.

93 14. この黄色とあの茶色とでは<u>どちらのいす</u>があなたのものですか。

あの茶色のいすがわたしのです。

<u>Which chair</u> is yours, this yellow one or that brown one?

That brown chair is mine.

94 15. 彼らはどのようにしてその山へ行きますか。
　　　自動車で行きます。

　　　How do they get to the mountain?
　　　They get to the mountain by car.

95 16. 彼女はどこでわたしの姉とテニスをしますか。
　　　その公園でします。

　　　Where does she play tennis with my sister?
　　　She plays tennis with your sister in the park.

96 17. 彼女はお金をいくら持っていますか。
　　　彼女は 15 ドル持っています。

　　　How much money does she have?
　　　She has fifteen dollars.

97 18. あなた方はどうして英語を勉強するのですか。
　　　なぜなら、英語の先生が好きだからです。

　　　Why do you study English?
　　　Because we like our English teacher.

98 19. あの背の低い少女はだれですか。
　　　彼女はわたしの妹です。

　　　Who is that short girl?
　　　She is my sister.

99 20. 彼は毎朝何時に朝食を食べますか。
　　　7 時です。

　　　What time does he eat breakfast every morning?
　　　He eats breakfast at seven o'clock.

Good !

6 ▸ can

ヨネモン一家はスミス家での歓迎パーティーに招待されました。

100

John: Can you speak French?

ジョン：あなたはフランス語を話すことができますか。

Yonemon: No, I can't. I can't speak French. I can speak Japanese.

ヨネモン：いいえ、できません。わたしはフランス語を話すことはできません。わたしは日本語を話すことができます。

解説

canは「〜できる」という意味の助動詞です。助動詞とは現在形・過去形・現在進行形では表せない意味を動詞に持たせたい場合に使います。

> ① canを含む肯定文：主語＋can＋動詞の原形〜.
> ② canを含む疑問文：Can＋主語＋動詞の原形〜？
> ③ canを含む否定文：主語＋cannot（または短縮形can't）＋動詞の原形〜.

◆ can を用いた文は次のようになります。

101

I can go to the party this evening.

Can you come to the party this evening?

Yes, I can. I can go to the party this evening.

No, I can't. I can't go to the party this evening.

わたしは今夕にパーティーに行くことができます。

あなたは今夕にパーティーに来ることができますか。

はい。わたしは今夕にパーティーに行くことができます。

いいえ。わたしは今夕にパーティーに行くことができません。

102

You can send this package to Great Britain.

Can I send this package to Great Britain?

Yes, you can. You can send this package to Great Britain.

No, you can't. You can't send this package to Great Britain.

あなたはイギリスにこの荷物を送ることができます。

わたしはイギリスにこの荷物を送ることができますか。

はい。あなたはイギリスにこの荷物を送ることができます。

いいえ。あなたはイギリスにこの荷物を送ることができません。

103

You can arrive at Los Angeles at eight o'clock.

Can we arrive at Los Angeles at eight o'clock?

Yes, you can. You can arrive at Los Angeles at eight o'clock.

No, you can't. You can't arrive at Los Angeles at eight o'clock.

あなた方はロサンゼルスに8時に到着することができます。

わたしたちはロサンゼルスに8時に到着することができますか。

はい。あなた方はロサンゼルスに8時に到着することができます。

いいえ。あなた方はロサンゼルスに8時に到着することができません。

104

He can drive a car in the United States.

Can he drive a car in the United States?

Yes, he can. He can drive a car in the United States.

No, he can't. He can't drive a car in the United States.

彼はアメリカで自動車を運転することができます。

彼はアメリカで自動車を運転することができますか。

はい。彼はアメリカで自動車を運転することができます。

いいえ。彼はアメリカで自動車を運転することができません。

105

She can buy candy at this store.

Can she buy candy at this store?

Yes, she can. She can buy candy at this store.

No, she can't. She can't buy candy at this store.

彼女はこの店でキャンディを買うことができます。

彼女はこの店でキャンディを買うことができますか。

はい。彼女はこの店でキャンディを買うことができます。

いいえ。彼女はこの店でキャンディを買うことができません。

106

They can catch the train at noon.

Can they catch the train at noon?

Yes, they can. They can catch the train at noon.

No, they can't. They can't catch the train at noon.

彼らは正午の列車に乗ることができます。

彼らは正午の列車に乗ることができますか。

はい。彼らは正午の列車に乗ることができます。

いいえ。彼らは正午の列車に乗ることができません。

ドリル

日本語を見て

①英語にしましょう。

②たずねる文にしましょう。

③Yes でていねいに答えましょう。

④No でていねいに答えましょう。

くり返し声に出して覚えよう！

107 1. わたしは上手にギターを弾くことができます。

① I can play the guitar very well.

② Can you play the guitar very well?

③ Yes, I can. I can play the guitar very well.

④ No, I can't. I can't play the guitar very well.

108 2. 彼はこの部屋で音楽を楽しむことができます。

① He can enjoy music in this room.

② Can he enjoy music in this room?

③ Yes, he can. He can enjoy music in this room.

④ No, he can't. He can't enjoy music in this room.

109 3. わたしたちはきょうの午後、台所で料理をすることができます。

① We can cook in the kitchen this afternoon.

② Can you cook in the kitchen this afternoon?

③ Yes, we can. We can cook in the kitchen this afternoon.

④ No, we can't. We can't cook in the kitchen this afternoon.

110 4. 彼は友人と一緒に映画に行くことができます。

① He can go to the movies with his friends.

② Can he go to the movies with his friends?

③ Yes, he can. He can go to the movies with his friends.

④ No, he can't. He can't go to the movies with his friends.

111 5. 彼の叔父さんはきょう、わたしたちを手助けすることができます。

① His uncle can help us today.

② Can his uncle help us today?

③ Yes, he can. His uncle can help us today.

④ No, he can't. His uncle can't help us today.

6. 彼女の叔母さんは3時に彼らに会うことができます。

① Her aunt can meet them at three.

② Can her aunt meet them at three?

③ Yes, she can. Her aunt can meet them at three.

④ No, she can't. Her aunt can't meet them at three.

7. 彼らの兄弟姉妹はあのドアを開けることができます。

① Their brothers and sisters can open that door.

② Can their brothers and sisters open that door?

③ Yes, they can. Their brothers and sisters can open that door.

④ No, they can't. Their brothers and sisters can't open that door.

8. 彼の英語の先生（女性）は上手にその歌を歌うことができます。

① His English teacher can sing the song well.

② Can his English teacher sing the song well?

③ Yes, she can. His English teacher can sing the song well.

④ No, she can't. His English teacher can't sing the song well.

9. わたしの生徒たちは今朝泳ぐことができます。

① My students can swim this morning.

② Can your students swim this morning?

③ Yes, they can. My students can swim this morning.

④ No, they can't. My students can't swim this morning.

10. 彼のめいはその授業に関して話すことができます。

① His niece can talk about the lesson.

② Can his niece talk about the lesson?

③ Yes, she can. His niece can talk about the lesson.

④ No, she can't. His niece can't talk about the lesson.

17 11. わたしたちは月曜日にあなたと一緒にそのフランス料理店に行くことができます。

① We can go to the French restaurant with you on Monday.
② Can you go to the French restaurant with us on Monday?
③ Yes, we can. We can go to the French restaurant with you on Monday.
④ No, we can't. We can't go to the French restaurant with you on Monday.

18 12. 彼らはその新しいカメラを使うことができます。

① They can use the new camera.
② Can they use the new camera?
③ Yes, they can. They can use the new camera.
④ No, they can't. They can't use the new camera.

19 13. 彼女の叔父は金曜日に事務所で働くことができます。

① Her uncle can work at the office on Friday.
② Can her uncle work at the office on Friday?
③ Yes, he can. Her uncle can work at the office on Friday.
④ No, he can't. Her uncle can't work at the office on Friday.

20 14. わたしたちのお父さんは3か国語を話すことができます。

① Our father can speak three languages.
② Can your father speak three languages?
③ Yes, he can. Our father can speak three languages.
④ No, he can't. Our father can't speak three languages.

21 15. 彼のお母さんは水曜日に人形を売ることができます。

① His mother can sell dolls on Wednesday.
② Can his mother sell dolls on Wednesday?
③ Yes, she can. His mother can sell dolls on Wednesday.
④ No, she can't. His mother can't sell dolls on Wednesday.

Good !

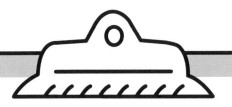

5級 スピーキングテストについて

　2016年度第1回よりスピーキングテストが導入されています。5級スピーキングテストは、リーディングとリスニングの一次試験の合否に関係なく、5級受験を申し込んだ人全員が受験できるテストです。合格者には「5級スピーキングテスト合格」という資格が認定されます。

【重要点】

＊スピーキングテストを受けなくても、リーディングとリスニングの一次試験で合格点に達していれば「英検5級合格」となります。スピーキングテストはあくまでも付録のようなものです。

＊受験できる回数は申し込んだ回次ごとに1回だけです。申し込まれた各回次の一次試験合否閲覧日から約1年が受験可能期間です。英検の試験のように指定会場に出向くのではなく、パソコン、スマートフォン、タブレット端末などから、インターネット上のスピーキングテスト受験サイトにアクセスし、受験します。

【スピーキングテスト受験に必要なもの】

> □一次試験の成績表に記されている「英検ID」と「パスワード」
> □コンピュータ端末（パソコン、スマートフォンなど）
> □音声録音用機器（ヘッドセット、無線ヘッドセット、スマートフォン付属のマイク付きイヤフォン、外付けマイクなど）

＊以下のサイトにサンプルテストが掲載されています。練習しましょう。

https://www.eiken.or.jp/eiken/exam/4s5s/exam.html

＊対策としては、本書をしっかりと勉強し、例文をすべて暗唱すること、暗唱する際に、音声を聴きながら自分でも声を出して英文を読むことです。それを繰り返し練習し、その上でサンプルテストを見ながら、形式に慣れれば、合格できます。

第 2 章

過去問題の解説

過去に出された実際の問題を一緒に
解いてみましょう。

この本では、2020 年度第 1 回から第 3 回ま
での問題を取り上げました。

1 2020 年度 第 1 回

（2020 年度第 1 回実用英語技能検定　5 級）

(1) 読解

1) 空所補充問題 ①

攻略のポイント

空所補充問題は、中学1年生修了までの英文法の知識や熟語・単語の知識があれば解ける！

次の（1）から（15）までの（　）に入れるのに最も適切なものを 1, 2, 3, 4 の中から一つ選び、その番号のマーク欄をぬりつぶしなさい。

---

(1) My friend lives in Brazil. It's a nice (　　　). ① ② ③ ④

　　1　drum　　2　page　　3　country　　4　chalk

【訳】わたしの友達はブラジルに住んでいます。それは素晴らしい（　　　）です。

【解説】選択肢は、1　ドラム、2　ページ、3　国、4　チョークとなっています。直前に「ブラジル」と言っていますので、国だとわかります。正解は 3。

---

(2) A: Jane, do you know the (　　　) of Snow White? ① ② ③ ④

　　B: Yes, of course. I love it.

　　1　story　　2　letter　　3　rain　　4　clock

【訳】A：ジェーン、白雪姫の（　　　）を知っていますか。

　　　B：はい、もちろんです。わたしはそれが大好きです。

【解説】選択肢は、1　話、2　手紙、3　雨、4　時計。「白雪姫」と言っていますので、正解は 1。

(3) (　　　) is the tenth month of the year.　①②③④

    1　July　　　2　August　　　3　September　　　4　October

【訳】（　　　　）は 1 年の 10 番目の月です。

【解説】選択肢は、1　7 月、2　8 月、3　9 月、4　10 月。10 番目の月は 10 月。正解は 4。

(4) A: What do you usually have for (　　　), John?　①②③④

    B: Two eggs and toast.

    1　breakfast　　　2　cafeteria　　　3　morning　　　4　sport

【訳】A：あなたはたいてい（　　　　　）に何を食べますか、ジョン。

    B：たまご 2 個とトーストです。

【解説】選択肢は、1　朝食、2　食堂、3　朝、4　スポーツ。B は「たまご 2 個とトーストです」と返答していますので、A は「朝食に何を食べますか」とたずねたことがわかります。正解は 1。

(5) I (　　　) this dictionary at home.　①②③④

    1　use　　　2　know　　　3　cook　　　4　stop

【訳】わたしは家でこの辞書を（　　　　　）。

【解説】選択肢は、1　使う、2　知る、3　料理する、4　止まる。この中では使うが最適なので、正解は 1。

(6) A: Do you play tennis, Yoko?

B: Yes. This is my （ 　　 ）.

1 racket 　 2 postcard 　 3 fork 　 4 eraser

① ② ③ ④

【訳】A：あなたはテニスをしますか、ヨーコ。

　　　B：はい。これはわたしの（　　　　）です。

【解説】選択肢は、1 ラケット、2 ハガキ、3 フォーク、4 消しゴム。A はテニスのことを話題にしていますので、B はラケットと言っていることがわかります。正解は 1。

(7) In winter, I ski in the （ 　　 ） with my family.

1 rooms 　 2 houses 　 3 desks 　 4 mountains

① ② ③ ④

【訳】冬に、わたしはわたしの家族と（　　　　）でスキーをします。

【解説】選択肢は、1 部屋、2 家、3 机、4 山。スキーをするのは山なので、正解は 4。

(8) A: Do you want a （ 　　 ） of tea?

B: Yes, please.

1 table 　 2 cup 　 3 chair 　 4 fork

① ② ③ ④

【訳】A：あなたは 1（　　　　）のお茶が欲しいですか。

　　　B：はい、お願いします。

【解説】選択肢は、1 テーブル、2 コップ、3 イス、4 フォーク。a cup of tea で 1 杯のお茶という意味です。正解は 2。

(9) A: I like Japanese music. （ 　　 ） about you?

B: I like it, too.

1 Who 　 2 What 　 3 Where 　 4 Which

① ② ③ ④

【訳】A：わたしは日本の音楽が好きです。あなたは（　　　　）ですか。

　　　B：わたしもそれが好きです。

【**解説**】B は「わたしも好きです」と返答していますので、A は「あなたはどうですか」とたずねていることがわかります。<u>What about you?</u> で、あなたはどうですかという表現を覚えましょう。正解は 2。

(10) A: Let's （　　） camping this summer, Dad. ① ② ③ ④

　　　B: OK, Tom.

　　　1　take　　2　cook　　3　go　　4　wash

【訳】A：今年の夏キャンプに（　　　）ましょう。

　　　B：いいですよ、トム。

【**解説**】選択肢は 1　取る、2　料理する、3　行く、4　洗う。<u>go camping</u> でキャンプに行くという意味。正解は 3。

(11) A: Bob, let's have pizza for lunch. ① ② ③ ④

　　　B: All （　　　）.

　　　1　right　　2　little　　3　happy　　4　new

【訳】A：ボブ、昼食にピザを食べましょう。

　　　B：（　　　）。

【**解説**】A は「ピザを食べましょう」と誘っていますので、B は「いいですよ」と返答したことがわかります。<u>All right.</u> でいいですよという表現を覚えましょう。正解は 1。

(12) Nancy usually （　　） up around seven o'clock. ① ② ③ ④

　　　1　gets　　2　knows　　3　sees　　4　sleeps

【訳】ナンシーはたいてい 7 時ごろに（　　　）。

【**解説**】<u>get up</u> で起床するという意味。正解は 1。

(13) A: Do you know that woman?

B: Yes, I (　　　). She's the new English teacher.

1　do　　2　is　　3　am　　4　does

①②③④

【訳】A：あなたはあの女性を知っていますか。

B：はい、わたしは（　　　）。彼女は新しい英語の先生です。

【解説】Do you～？で問いかけていますので、Yesの場合の返答はYes, I do. 正解は1。

(14) A: What is Jack doing now?

B: He (　　　) in his room.

1　sleeping　　2　is sleeping　　3　am sleeping　　4　are sleeping

①②③④

【訳】A：ジャックは今何をしていますか。

B：彼は彼の部屋で（　　　）。

【解説】Aは is doing と現在進行形で聞いていますので、Bも is sleeping と現在進行形で答えます。正解は2。

(15) This dictionary isn't (　　　).

1　my　　2　I　　3　yours　　4　she

①②③④

【訳】この辞書は（　　　）ではありません。

【解説】選択肢は1　わたしの、2　わたし、3　あなたのもの、4　彼女。文脈からすると、「～のもの」となります。この辞書はあなたのものではありませんという意味。正解は3。

大切なことば

- box
  箱
- watch
  腕時計
- shoes
  靴
- umbrella
  傘

Good !

2) 空所補充問題 ②

攻略のポイント

会話文の穴うめ問題は、会話独特の表現に慣れておくと解ける！

次の (16) から (20) までの会話について、（　）に入れるのに最も適切なものを 1, 2, 3, 4 の中から一つ選び、その番号のマーク欄をぬりつぶしなさい。

---

(16) Teacher: What day is it today?　　　　　① ② ③ ④

　　　Student: (　　　)

　　　1　It's Tuesday.　　　　　　2　It's February.

　　　3　It's five o'clock.　　　　　4　It's sunny.

【訳】先生：きょうは何曜日ですか。

　　　生徒：（　　　　）。

【解説】選択肢は、1　火曜日です、2　2月です、3　5時です、4　晴れています。先生は何曜日か聞いていますので、生徒の返答は火曜日。正解は 1。

---

(17) Father: Please don't eat in the car, Beth.　　① ② ③ ④

　　　Girl: (　　　) Dad.

　　　1　1 It's not his,　　　　　　2　I'm sorry,

　　　3　See you next time,　　　　4　I can't cook,

【訳】父：車の中で食べないでください、ベス。

　　　少女：（　　　　）お父さん。

【解説】選択肢は、1　それは彼のものではない、2　すみません、3　また次に会いましょう、4　わたしは料理できない。「車の中で食べないでください」と注意を受けていますので、「すみません」と謝っていることがわかります。正解は 2。

(18) Girl: What color is your new phone?

　　　Boy: (　　　).

　　　1　It's cold.　　　　2　It's black.

　　　3　I'm good.　　　　4　About $200.

①②③④

【訳】少女：あなたの新しい電話は何色ですか。

　　　少年：(　　　　　)。

【解説】選択肢は、1　寒いです、2　それは黒色です、3　わたしは大丈夫です、4　約200ドルです。何色かたずねていますので、正解は2。

(19) Girl: Can we go shopping today, Dad?

　　　Father: (　　　).

　　　1　One, please.　　　　2　Of course.

　　　3　It's me.　　　　　　4　This year.

①②③④

【訳】少女：きょう買い物に行けますか、お父さん。

　　　父：(　　　　　)。

【解説】選択肢は、1　一つお願いします、2　もちろん、3　わたしです、4　今年です。買い物に行けるかを少女は聞いていますので、父は「もちろん」と答えていることがわかります。正解は2。

(20) Mother: I can't find the cat, Joe.

　　　Boy: (　　　) Mom.

　　　1　I'm happy,　　　　　2　That's all,

　　　3　She's in my room,　　4　It's tomorrow,

①②③④

【訳】母：わたしは猫を見つけられません、ジョー。

　　　少年：(　　　　)、お母さん。

【解説】選択肢は、1　わたしは幸せです、2　それだけです、3　彼女はわたしの部屋にいます、4　明日です。お母さんは猫を見つけられないと言っていますので、少年は猫の居場所を伝えていることがわかります。正解は3。

3）整序問題

攻略のポイント

　整序問題は中学1年生修了までの英文法の知識があり、熟語・単語を身につけていれば解ける！　整序問題には、基本的に和文英訳をこなす力が必要。本書に掲載されている例文を理解した上で暗誦しよう！！

　次の（21）から（25）までの日本文の意味を表すように①から④までを並べかえて［　　　］の中に入れなさい。そして、1番目と3番目にくるものの最も適切な組合せを1，2，3，4の中から一つ選び、その番号のマーク欄をぬりつぶしなさい。※ただし、（　　　）の中では、文のはじめにくる語も小文字になっています。

（21）手伝ってくれてありがとう。　　　　　　　　　　①②③④

　　　（① thank　② your　③ you　④ for）
　　　　　1番目　　　　　　3番目
　　　［　　　］［　　　］［　　　］［　　　］help.

　　　1　②-①　　2　②-③　　3　③-④　　4　①-④

【解説】 thank you for ～ で「～してくれてありがとう」という表現を覚えましょう。正しい英文は Thank you for your help. 正解は 4。

（22）大阪は大都市です。　　　　　　　　　　　　　　①②③④

　　　（① city　② a　③ big　④ is）
　　　　　　　1番目　　　　　3番目
　　　Osaka ［　　　］［　　　］［　　　］［　　　］.

　　　1　③-①　　2　①-②　　3　④-③　　4　②-①

【解説】 定冠詞 a は形容詞 big の前につけます。正しい英文は Osaka is a big city. 正解は 3。

(23) 自分の部屋へ行って 宿 題をしなさい。　　　　①②③④

(① go　② and　③ your room　④ to)

1番目　　　　　　3番目

[　　　][　　　][　　　][　　　] do your homework.

1　②-④　　2　①-④　　3　①-③　　4　②-③

【解説】命令形なので、go から文を始めます。正しい英文は Go to your room and do your homework. 正解は 3。

(24) 窓を閉めてくれますか。　　　　　　　①②③④

(① the window　② close　③ can　④ you)

1番目　　　　　　3番目

[　　　][　　　][　　　][　　　]、please?

1　③-②　　2　③-①　　3　④-①　　4　④-③

【解説】「～してくれませんか」という依頼は Can you ～? と表現します。正しい英文は、Can you close the window? 正解は 1。

(25) わたしの犬は 3 歳です。　　　　　　　①②③④

(① is　② old　③ years　④ three)

1番目　　　　　　3番目

My dog [　　　][　　　][　　　][　　　].

1　①-③　　2　②-①　　3　③-④　　4　③-①

【解説】「歳」は years old と表現します。正しい英文は、My dog is three years old. 正解は 1。

（2）リスニング

1）第1部　イラストに合う会話を選ぶ問題

攻略のポイント

落ち着いて、英語に集中しよう！

　リスニングテスト第1部は、イラストを参考にしながら英文を聞き、その文に対する応答として最も適切なものを選ぶ問題です。とてもわかりやすいイラストなので、英語をしっかり聞き取れば答えることができます。

▶22　例題

　例題の絵を見てください。英文とそれに続く応答が二度くり返されます。
（★＝男性A　☆＝女性A　☆☆＝女性B）
　イラストを参考にしながら英文と応答を聞き、最も適切な応答を 1，2，3 の中から一つ選びなさい。

☆ Is this your bag?（これはあなたのカバンですか。）

★1　Sure, I can.（もちろん、できます。）

★2　On the chair.（いすの上です。）

★3　Yes, it is.（はい、そうです。）

① ② ③

　みなさんは、今の問題の答えを一つだけ選びます。ここでは 3 が正しい答えですから、解答用紙の例題のところの 3 をマークします。

　問題は No.1 から No.10 まで 10 題です。解答時間はそれぞれ 10 秒です。

No. 1

☆ When is your birthday, Chris?
（あなたの誕生日はいつですか、クリス。）

★1　It's December thirteenth.（12月13日です。）

★2　Here it is.（はい、どうぞ。）

★3　I'm ten.（わたしは10歳です。）

【解説】「誕生日はいつですか」の問いに対する返答なので、正解は1。

No. 2

☆ Thank you for the book, Mike.（本をありがとう、マイク。）

★1　I like reading.（わたしは読書が好きです。）

★2　You're welcome.（どういたしまして。）

★3　Let's go.（行きましょう。）

【解説】「ありがとう」というお礼に対する返答なので、正解は2。

よく使われる言い方を覚えよう！　その1

What's the date today?
（今日は何日ですか。）

What day (of the week) is it today?
（今日は何曜日ですか。）

No. 3  **125**

☆ Can you take my picture, please?（わたしの
写真<ruby>しゃしん</ruby>をとってくれませんか。）

★1　All right.（いいですよ。）

★2　It's a camera.（カメラです。）

★3　I'm here.（わたしはここです。）

① ② ③

【解説<ruby>かいせつ</ruby>】「とってくれませんか」という依頼<ruby>いらい</ruby>に対<ruby>たい</ruby>す
る返答<ruby>へんとう</ruby>なので、正解<ruby>せいかい</ruby>は 1。

No. 4  **126**

☆ Which sport do you play, baseball or soccer?
（どちらのスポーツをしますか、野球<ruby>やきゅう</ruby>ですか

サッカーですか。）

★1　Soccer.（サッカーです。）

★2　At the park.（公園<ruby>こうえん</ruby>で。）

★3　On Saturday.（土曜日<ruby>どようび</ruby>に。）

① ② ③

【解説<ruby>かいせつ</ruby>】「どのスポーツ」という問<ruby>と</ruby>いに対<ruby>たい</ruby>する返答<ruby>へんとう</ruby>
なので、正解<ruby>せいかい</ruby>は 1。

よく使<ruby>つか</ruby>われる言<ruby>い</ruby>い方<ruby>かた</ruby>を覚<ruby>おぼ</ruby>えよう！　その2

What's your favorite 〜?
（あなたの好<ruby>す</ruby>きな〜は何<ruby>なん</ruby>ですか。）

How are you?　（お元気<ruby>げんき</ruby>ですか。）

How about〜?　（〜はどうですか。）

No. 5

☆ Can I see your notebook?（あなたのノートを見てもいいですか。）

★1　I like reading.（わたしは読書が好きです。）

★2　I'm here.（わたしはここにいます。）

★3　Sure.（いいですよ。）

① ② ③

【解説】「見てもいいですか」という依頼に対する返答なので、正解は 3。

No. 6

☆ Are you a student?（あなたは学生ですか。）

★1　Yes, it is.（はい、それはそうです。）

★2　Yes, you are.（はい、あなたはそうです。）

★3　Yes, I am.（はい、わたしはそうです。）

① ② ③

【解説】「あなたは学生ですか」という問いに対する返答なので、正解は 3。

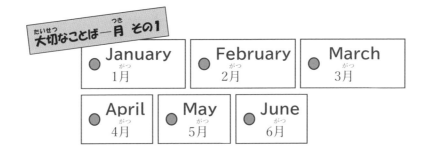

大切なことば―月 その1

● January 1月
● February 2月
● March 3月
● April 4月
● May 5月
● June 6月

No. 7  129

☆ Is this your pencil, Lynn?（これはあなたの鉛筆ですか、リン。）

★1　It's two dollars.（それは 2 ドルです。）

★2　No, it's not.（いいえ、それはちがいます。）

★3　You, too.（あなたも。）

① ② ③

【解説】「あなたの鉛筆ですか」という問いに対する返答なので、正解は 2。

No. 8  130

☆ Mom, where's my schoolbag?（お母さん、わたしの学生かばんはどこですか。）

★1　It's on the sofa.（それはソファの上にあります。）

★2　Yes, I can.（はい、わたしはできます。）

★3　Science is fun.（理科は楽しいです。）

① ② ③

【解説】「どこですか」に対する返答なので、正解は 1。

大切なことば─月 その2

| ● July 7月 | ● August 8月 | ● September 9月 |
| ● October 10月 | ● November 11月 | ● December 12月 |

No. 9

☆ Look. These are my new shoes.（みてください。これらはわたしの新しい靴です。）

★1　No, I'm not.（いいえ、わたしはちがいます。）

★2　They're nice.（それらは素晴らしいです。）

★3　See you next time.（また次に会いましょう。）

①②③

【解説】女性は新しい靴を見せているので、男性は靴をほめています。正解は 2。

No. 10

☆ I really love this TV show.（わたしはこのテレビ番組が本当に好きです。）

★1　Tomorrow night.（明日の夜です。）

★2　I'm fine.（わたしは大丈夫です。）

★3　Me, too.（わたしもです。）

①②③

【解説】「テレビが好きです」という発言に対する返答なので、正解は 3。

Good !

大切なことば―季節

● season 季節	● spring 春	● summer 夏
● fall/ autumn 秋	● winter 冬	

2) 第2部　対話の中で質問に答える問題

攻略のポイント

落ち着いて、英語に集中しよう！

　5級のリスニング問題第2部では、対話を聞き、その質問に対して最も適切な答えを4つの選択肢から選ぶという形式です。英語をしっかり聴き取れば答えることができます。

　対話を聞き、その質問に対して最も適切な答えを4つの選択肢から選びましょう。対話と質問はそれぞれ二度くり返されます。

　問題は No.11 から No.15 まで5題で、解答時間はそれぞれ 10 秒です。
（★＝男性A　☆＝女性A　☆☆＝女性B）

No.11　🎧133

1　To school.
2　To a game.
3　To his house.
4　To the movies.

1　学校へ
2　試合へ
3　彼の家へ
4　映画へ

☆ Hi, Mike. Where are you going?
（やあ、マイク。あなたはどこに行くのですか。）

★ I'm going to the movies. See you tomorrow at school, Susan.（わたしは映画に行くところです。明日、学校で会いましょう、スーザン。）

☆☆ Question: Where is Mike going now?（質問：マイクは今どこに行っていますか。）

【解説】マイクは、「映画に行っています」と返答していますので、正解は4。

No.12

☆ Is this your cap, David?

（これはあなたの帽子ですか、デビッド。）

★ No, Emma. It's my friend Peter's.

（いいえ、エマ。それはわたしの友達のピーター

のものです。）

☆☆ Question: Whose cap is it?

（質問：だれの帽子ですか。）

① ② ③ ④

1 David's.

2 Peter's.

3 Emma's.

4 Emma's friend's.

1　デビッドのもの

2　ピーターのもの

3　エマのもの

4　エマの友達のもの

【解説】デビッドは、「わたしの友達のピーターの
もの」と返答していますので、正解は 2。

No.13

☆ Hi, I want some chocolate pie, please.

（やあ、わたしはチョコレートパイが欲しい。）

★ That's $2.60.（2 ドル 60 セントです。）

☆☆ Question: How much is the chocolate pie?

（質問：チョコレートパイはいくらですか。）

① ② ③ ④

1 $2.00.

2 $2.06.

3 $2.16.

4 $2.60.

1　2 ドル

2　2 ドル 6 セント

3　2 ドル 16 セント

4　2 ドル 60 セント

【解説】「2.6 ドルです」と返答していますので、
正解は 4。

No.14

① ② ③ ④

1 She has a guitar lesson.

2 She has a trumpet lesson.

3 She has basketball practice.

4 She has softball practice.

1 彼女はギターのレッスンがあります。

2 彼女はトランペットのレッスンがあります。

3 彼女はバスケットボールの練習があります。

4 彼女はソフトボールの練習があります。

☆ I have a guitar lesson every Wednesday.（わたしは毎週水曜日にギターのレッスンがあります。）

★ Really? I have basketball practice on Wednesdays.（ほんとうですか。わたしは毎週水曜日にバスケットボールの練習があります。）

☆☆ Question: What does the girl do on Wednesdays?（質問：毎週水曜日に少女は何をしますか。）

【解説】 少女はギターのレッスンがあると返答していますので、正解は1。

No.15 137

① ② ③ ④

1 Some jam.

2 Some sugar.

3 Some salt.

4 Some fruit salad.

1 ジャム

2 砂糖

3 塩

4 フルーツサラダ

☆ Can I have the strawberry jam, please?（ストロベリージャムを食べてもいいですか。）

★ Of course. Here you are.（もちろん。どうぞ。）

☆☆ Question: What does the woman want?（質問：女性は何が欲しいですか。）

【解説】女性は「ストロベリージャムを食べてもいいですか」と言っていますので、正解は1。

Good!

3) 第 3 部　絵の内容を聞き取る問題

攻略のポイント

落ち着いて、英語に集中しよう！

　5 級のリスニング問題第 3 部では、絵の内容を最もよく表しているものを、放送される 3 つの英文の中から 1 つ選ぶ形式です。英語をしっかり聴き取れば答えることができます。

　絵の内容を最もよく表しているものを、放送される 3 つの英文の中から一つ選びましょう。英文は二度くり返されます。

　問題は No.16 から No.25 まで 10 題で、解答時間はそれぞれ 10 秒です。

（★＝男性 A　☆＝女性 A　☆☆＝女性 B）

No. 16　🎧**138**

☆ 1　The boys are reading.（少年は読書をしています。）

☆ 2　The boys are writing.（少年は書いています。）

☆ 3　The boys are running.（少年は走っています。）

【解説】イラストから判断しますと、正解は 3。

① ② ③

No. 17　🎧**139**

★ 1　Richard is at the library.（リチャードは図書館にいます。）

★ 2　Richard is at the bank.（リチャードは銀行にいます。）

★ 3　Richard is at the zoo.（リチャードは動物園にいます。）

【解説】イラストから判断しますと、正解は 3。

① ② ③

No. 18

☆ 1　Koji is writing a letter to his friend.（コウジは彼の友達に手紙をかいています。）

☆ 2　Koji is speaking to his friend.（コウジは彼の友達に話しています。）

☆ 3　Koji is listening to his friend.（コウジは彼の友達の話を聞いています。）

① ② ③

【解説】イラストから判断しますと、正解は 1。

No. 19

★ 1　Jay gets up at 7:40 a.m.（ジェイは 7 時 40 分に起床します。）

★ 2　Jay gets up at 7:45 a.m.（ジェイは 7 時 45 分に起床します。）

★ 3 Jay gets up at 7:55 a.m.（ジェイは 7 時 55 分に起床します。）

① ② ③

【解説】イラストから判断しますと、正解は 2。

No. 20

☆ 1　Mary and Mike are looking at a train.（メアリーとマイクは電車を見ています。）

☆ 2　Mary and Mike are looking at a bus.（メアリーとマイクはバスを見ています。）

☆ 3　Mary and Mike are looking at a ship.（メアリーとマイクは船を見ています。）

① ② ③

【解説】イラストから判断しますと、正解は 3。

No. 21

★ 1　The butterfly is on Bill's head.（チョウはビルの頭の上にとまっています。）

★ 2　The butterfly is on Bill's arm.（チョウはビルの腕の上にとまっています。）

★ 3　The butterfly is on Bill's leg.（チョウはビルの足の上にとまっています。）

① ② ③

【解説】イラストから判断しますと、正解は 2。

No. 22 144

☆1　The score is 15 to 12.（スコアは15対12です。）

☆2　The score is 50 to 20.（スコアは50対20です。）

☆3　The score is 5 to 20.（スコアは5対20です。）

① ② ③

【解説】イラストから判断しますと、正解は 1。

No. 23 145

★ 1　Shelly is speaking to a waiter.（シェリーはウェイターと話しています。）

★ 2　Shelly is speaking to a doctor.（シェリーは医者と話しています。）

★ 3　Shelly is speaking to a pilot.（シェリーはパイロットと話しています。）

① ② ③

【解説】イラストから判断しますと、正解は 1。

No. 24  146

① ② ③

☆ 1　The cat is sleeping on the chair.（猫はいすの上で寝ています。）

☆ 2　The cat is sleeping on the piano.（猫はピアノの上で寝ています。）

☆ 3　The cat is sleeping on the desk.（猫は机の上で寝ています。）

【解説】イラストから判断しますと、正解は 2。

No. 25  147

① ② ③

★ 1　The girls like hiking.（少女たちはハイキングが好きです。）

★ 2　The girls like swimming.（少女たちは水泳が好きです。）

★ 3　The girls like painting.（少女たちは絵を描くことが好きです。）

【解説】イラストから判断しますと、正解は 1。

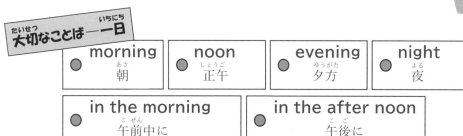

大切なことば──一日

| ● morning 朝 | ● noon 正午 | ● evening 夕方 | ● night 夜 |

● in the morning 午前中に

● in the after noon 午後に

2　2020年度 第2回

（2020年度第2回実用英語技能検定　5級）

(1) 読解

1) 空所補充問題 ①

次の（1）から（15）の（　　）に入れるのに最も適切なものを 1, 2, 3, 4 の中から一つ選び、その番号のマーク欄をぬりつぶしなさい。

---

(1) A: Paul, what do you need for school?

　　B: I need new pens and a (　　　), Mom.

　　1　bench　　2　coin　　3　notebook　　4　week

①②③④

【訳】A：ポール、学校では何が必要ですか。

　　　B：わたしは新しいペンと（　　　　）が必要です、お母さん。

【解説】選択肢は、1　ベンチ、2　硬貨、3　ノート、4　週。学校で必要なのは、ノート。正解は 3。

---

(2) A: Your hat is (　　). I like it.

　　B: Thanks.

　　1　pretty　　2　fast　　3　cold　　4　slow

①②③④

【訳】A：あなたの帽子は（　　　　）。わたしはそれが好きです。

　　　B：ありがとう。

【解説】選択肢は、1　かわいい、2　はやい、3　寒い、4　ゆっくり。「ありがとう」とお礼を言っていますので、A は帽子をほめていることがわかります。正解は 1。

(3) I don't （　　　） dinner on Saturdays. I always go to a restaurant with my family.　　①②③④

　　1　put　　2　sell　　3　cook　　4　carry

【訳】わたしは土曜日に夕食を（　　　）ません。わたしはいつも家族とレストランに行きます。

【解説】選択肢は、1　置く、2　売る、3　料理する、4　運ぶ。家族とレストランに行くので、土曜日は夕食を作りません。正解は 3。

(4) A: Do you like （　　　）, Helen?　　①②③④

　　B: Yes. I like apples.

　　1　fruit　　2　meat　　3　bread　　4　fish

【訳】A：（　　　）が好きですか、ヘレン。

　　B：はい。わたしはリンゴが好きです。

【解説】選択肢は、1　果物、2　肉、3　パン、4　魚。B は「リンゴが好き」と返答していますので、A は「果物が好きか」とたずねたことがわかります。正解は 1。

(5) A: Let's play tennis this afternoon, Alice.　　①②③④

　　B: Sorry. I have a piano （　　　）.

　　1　story　　2　book　　3　chair　　4　lesson

【訳】A：きょうの午後テニスをしましょう、アリス。

　　B：すみません。わたしはピアノの（　　　）があります。

【解説】選択肢は、1　話、2　本、3　イス、4　レッスン。A の誘いを断っていますので、B はピアノのレッスンがあることがわかります。正解は 4。

(6) A: Tom, come on! It's （　　）for dinner.

　　　B: OK, I'm coming.

　　　1　day　　2　noon　　3　hour　　4　time

①②③④

【訳】A：トム、はやく！ 夕食の（　　　　）です。

　　　B：わかりました、今行きます。

【解説】選択肢は、1　日、2　正午、3　1時間、4　時間。B を急かしていますので、A は夕食の「時間」だと言っていることがわかります。It's time for 〜で、〜の時間という意味です。正解は 4。

(7) In summer, I often go swimming in the （　　）at school.

　　　1　classroom　　2　door　　3　pool　　4　cafeteria

①②③④

【訳】夏に、わたしはいつも学校の（　　　　）へ泳ぎに行きます。

【解説】選択肢は、1　教室、2　ドア、3　プール、4　食堂。泳ぐ場所はプール。正解は 3。

(8) This train goes from Nagoya （　　）Osaka.

　　　1　about　　2　off　　3　to　　4　down

①②③④

【訳】この電車は名古屋から大阪（　　　　）行きます。

【解説】電車は、名古屋から大阪へ行きます。from 〜 to... で、〜から…へという意味です。正解は 3。

(9) A: What do you do in the evening?

　　　B: I watch the news （　　）TV.

　　　1　on　　2　about　　3　in　　4　from

①②③④

【訳】A：あなたは夜に何をしますか。

　　　B：わたしはテレビ（　　　　）ニュースを見ます。

【解説】テレビでニュースを見ます。on TV で、テレビでという表現を覚えましょう。正解は 1。

(10) A: How (　　　) is this pencil case?

B: It's 200 yen.

1　long　　2　much　　3　many　　4　old

【訳】A：この筆箱は（　　　　）ですか。

B：200円です。

【解説】200円という返答から、Aは筆箱がいくらかたずねているとわかります。How much 〜？で、いくらの値段ですかという表現を覚えましょう。正解は2。

(11) A: See you, Mom.

B: (　　　) a good day, Kevin.

1　Go　　2　Take　　3　Live　　4　Have

【訳】A：行ってきます、お母さん。

B：良い日を（　　　　）、ケビン。

【解説】「行ってきます」と言っていますので、Bは「良い日を過ごしてください」と返答していることがわかります。Have a good day. で、良い日を過ごしてくださいという表現を覚えましょう。正解は4。

(12) Lucy's mother comes home around seven every (　　　).

1　noon　　2　hour　　3　today　　4　night

【訳】ルーシーの母親は、毎（　　　　）7時ごろに帰宅します。

【解説】選択肢は、1　正午、2　1時間、3　きょう、4　夜。帰宅するのは毎夜。正解は4。

(13) I play the piano, but my brother (　　　).

1　don't　　2　doesn't　　3　isn't　　4　aren't

【訳】わたしはピアノを弾きますが、わたしの兄は（　　　　）。

【解説】主語が三人称単数なので、正解は2。

(14) Mr. Spencer （　　　） English at my school.　　①②③④

1　teach　　2　teaches　　3　teaching　　4　to teach

【訳】スペンサー先生は、わたしの学校で英語を（　　　　）。

【解説】主語が三人称単数なので、正解は 2。

(15) A: （　　　） is that young man?　　①②③④

B: He's Mr. Brown.

1　When　　2　Who　　3　Why　　4　How

【訳】A：あの若い男性は（　　　　）。

B：彼はブラウン先生です。

【解説】選択肢は、1　いつ、2　だれ、3　なぜ、4　どのようにして。「ブラウン先生です」と返答していますので、A は「だれですか」とたずねていることがわかります。正解は 2。

大切なことば

test	dictionary	homework	blackboard
テスト	辞書	宿題	黒板

subject	idea	art	history
科目	考え/意見	芸術	歴史

club	book
クラブ/部	本

2) 空所補充問題 ②

次の (16) から (20) までの会話について、（　　）に入れるのに最も適切なものを
1，2，3，4の中から一つ選び、その番号のマーク欄をぬりつぶしなさい。

(16) Grandfather: Happy birthday, Mary. （　　）　①②③④

　　　Girl: Thank you, Grandpa.

　　　1　That's her cake.　　　　　2　I'm sorry.

　　　3　This present is for you.　　4　It's rainy.

【訳】祖父：お誕生日おめでとう、メアリー。（　　　　　）。

　　　少女：ありがとう、おじいちゃん。

【解説】選択肢は、1　あれは彼女のケーキです、2　すみません、3　このプレゼントを
どうぞ、4　雨が降っています。少女は誕生日で、祖父にお礼を言っています。よって
祖父は、少女にプレゼントを渡しているとわかります。正解は 3。

(17) Boy: Do you have any pets?　①②③④

　　　Girl: Yes, （　　）One dog and two birds.

　　　1　I have three.　　　　　2　It's me.

　　　3　at eight.　　　　　　　4　you're OK.

【訳】少年：あなたはペットを飼っていますか。

　　　少女：はい、（　　　　　）。一匹の犬と二羽の鳥です。

【解説】選択肢は、1　わたしは三匹飼っています、2　それはわたしです、3　8時に、
4　あなたは大丈夫です。「犬と鳥を飼っています」という返答から、少女はペットを
飼っていることがわかります。一匹の犬と二羽の鳥なので、少女は三匹のペットを飼っ
ています。正解は 1。

(18) Woman: Are you a junior high school student?

Boy: (　　　)

1　Yes, I am.　　　　　2　Good morning.

3　I use the bus.　　　　4　I like science.

①②③④

【訳】女性：あなたは中学生ですか。

少年：(　　　　)。

【解説】選択肢は、1　はい、わたしはそうです、2　おはようございます、3　わたしは
バスを使います、4　わたしは理科が好きです。Are you ～？でたずねていますので、
返答は Yes、I am です。正解は1。

(19) Sister: What color is your new bag?

Brother: (　　　)

1　He's at home.　　　　　2　It's four o'clock.

3　The room is clean.　　　4　It's green.

①②③④

【訳】姉：あなたの新しいバッグは何色ですか。

兄：(　　　　)。

【解説】選択肢は、1　彼は家にいます、2　4時です、3　部屋は清潔です、4　緑色で
す。バッグの色をたずねていますので、緑色と返答していることがわかります。正解は4。

(20) Boy: Hi, I'm Ken. I'm a new student.

Girl: (　　　) Welcome to our school.

1　It's fine.　　　　　2　Nice to meet you.

3　You can go.　　　　4　I enjoy it.

①②③④

【訳】少年：やあ、僕はケンです。わたしは新入生です。

少女：(　　　　)。わたしたちの学校へようこそ。

【解説】選択肢は、1　晴れです、2　はじめまして、
3　あなたは行くことができます、4　わたしはそれを
楽しみます。新入生であることから、少年は少女と初
対面であることが伺えます。正解は2。

3) 整序問題

次の（21）から（25）までの日本文の意味を表すように①から④までを並べかえて［　　　］の中に入れなさい。そして、1番目と3番目にくるものの最も適切な組合せを1，2，3，4の中から一つ選び、その番号のマーク欄をぬりつぶしなさい。※ただし、（　　　）の中では、文のはじめにくる語も小文字になっています。

（21）きょうは何曜日ですか。　　　① ② ③ ④

（① what　② of　③ day　④ the week）

1番目　　　　3番目

［　　　］［　　　］［　　　］［　　　］is it today?

1　②-③　　2　①-②　　3　③-①　　4　④-③

【解説】「週の何の曜日」なので、what day of the week です。正しい英文は What day of the week is it today?　正解は 2。

（22）わたしたちはわたしの家でポップコーンを作れます。　　　① ② ③ ④

（① some popcorn　② we　③ make　④ can）

1番目　　　　3番目

［　　　］［　　　］［　　　］［　　　］at my house.

1　④-②　　2　③-②　　3　②-③　　4　①-③

【解説】助動詞 can は動詞の前に置きます。正しい英文は We can make some popcorn at my house. 正解は 3。

（23）この部屋で話さないでください。　　　① ② ③ ④

（① this room　② don't　③ in　④ talk）

1番目　　　　3番目

Please ［　　　］［　　　］［　　　］［　　　］.

1　②-①　　2　②-③　　3　④-③　　4　④-②

【解説】ていねいな命令形には、please をつけます。正しい英文は Please don't talk in this room. 正解は 2。

(24) あなたは次の日曜日はひまですか。

（① Sunday　② free　③ next　④ you）
　　　　1番目　　　　　　3番目

Are [　　] [　　] [　　] [　　] ?

1　④ - ③　　2　③ - ④　　3　② - ①　　4　① - ②

①②③④

【解説】「あなたはひまですか」は Are you free? と表現します。正しい英文は、Are you free next Sunday? 正解は 1。

(25) あなたはどこで勉強しますか。

（① do　② you　③ study　④ where）
　　1番目　　　　　　3番目

[　　] [　　] [　　] [　　] ?

1　④ - ②　　2　③ - ①　　3　① - ④　　4　② - ③

①②③④

【解説】「どこ」は where です。正しい英文は Where do you study? 正解は 1。

Good !

大切なことば

dinner	fruit	drink	food
夕食	果物	飲み物	食べ物

tea	bread	dish
お茶	パン	皿・料理

（2）リスニング

1）第1部　イラストに合う会話を選ぶ問題（※ 例題は p.55 を参照）

イラストを参考にしながら英文と応答を聞き、最も適切な応答を 1，2，3 の中から一つ選びましょう。英文とそれに続く応答が二度くり返されます。

問題は No.1 から No.10 まで 10 題で、解答時間はそれぞれ 10 秒です。
（★＝男性A　☆＝女性A　☆☆＝女性B）

No. 1　

① ② ③

★ Does your sister play the piano?（あなたのお姉さんはピアノを演奏しますか。）

☆ 1　She's eleven.（彼女は 11 歳です。）

☆ 2　Yes, every day.（はい、毎日です。）

☆ 3　It's in her room.（それは彼女の部屋の中にあります。）

【解説】「ピアノを演奏しますか」の問いに対する返答なので、正解は 2。

No.2　148

① ② ③

★ Do you want some candy?（あなたはいくつかキャンディが欲しいですか。）

☆ 1　I like cooking.（わたしは料理が好きです。）

☆ 2　I'm sorry about that.（すみません。）

☆ 3　No, thank you.（いいえ、結構です。）

【解説】「キャンディが欲しいですか」という勧めに対する返答なので、正解は 3。

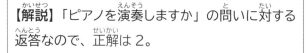

No. 3  150

★ These flowers are from my garden.（この花はわたしの庭からつんできたものです。）

☆ 1　You're welcome.（どういたしまして。）

☆ 2　Oh, they're pretty.（ああ、それらはかわいいです。）

☆ 3　Let's go shopping.（買い物に行きましょう。）

①②③

【解説】庭からつんできた花のことが話題になっていますので、正解は2。

No. 4  151

☆ How much is this T-shirt?（このティーシャツはいくらですか。）

★ 1　Yes, it is.（はい、そうです。）

★ 2　You're welcome.（どういたしまして。）

★ 3　It's six dollars.（6ドルです。）

①②③

【解説】「いくら」という値段に関する返答なので、正解は3。

大切なことば―数

one	two	three	four	five
1	2	3	4	5
six	seven	eight	nine	ten
6	7	8	9	10

No. 5  152

★ Do you come to school by bus, Nancy?（バスで登校しますか、ナンシー。）

☆ 1　Me, too.（わたしも。）

☆ 2　At school.（学校で。）

☆ 3　No, I come by bike.（いいえ、わたしは自転車で登校します。）

① ② ③

【解説】「バスで登校しますか」という問いに対する返答なので、正解は 3。

No. 6  153

☆ What do you want for lunch?（昼食に何が欲しいですか。）

★ 1　It's one o'clock.（1時です。）

★ 2　Yes, please.（はい、お願いします。）

★ 3　Some sandwiches, please.（サンドウィッチをお願いします。）

① ② ③

【解説】「昼食に何が欲しいですか」という問いに対する返答なので、正解は 3。

大切なことば―曜日

● Monday　げつようび　月曜日

● Tuesday　かようび　火曜日

● Wednesday　すいようび　水曜日

● Thursday　もくようび　木曜日

● Friday　きんようび　金曜日

● Saturday　どようび　土曜日

● Sunday　にちようび　日曜日

No. 7  154

☆ Whose flute is that?（あれはだれのフルートですか。）

★1　Over there.（あそこです。）

★2　My sister's.（わたしの 妹 ^{いもうと}のものです。）

★3　On the table.（テーブルの上 ^{うえ}です。）

① ② ③

【解説 ^{かいせつ}】「だれの」という問 ^といに対 ^{たい}する返答 ^{へんとう}なので、正解 ^{せいかい}は 2。

No. 8  155

☆ Can your children swim well?（あなたの子 ^こどもたちは 上 手 ^{じょうず}に泳 ^{およ}げますか。）

★1　Yes, they can.（はい、彼 ^{かれ}らはできます。）

★2　It's by the pool.（プールの近 ^{ちか}くにあります。）

★3　No, I'm not.（いいえ、わたしはちがいます。）

① ② ③

【解説 ^{かいせつ}】「できるか」という問 ^といに対 ^{たい}する返答 ^{へんとう}なので、正解 ^{せいかい}は 1。

大切 ^{たいせつ}なことば

● flower 花 ^{はな}	● grape ぶどう	● garden 庭 ^{にわ}	● tree 木 ^き
● animal 動物 ^{どうぶつ}	● bird 鳥 ^{とり}	● fish 魚 ^{さかな}	

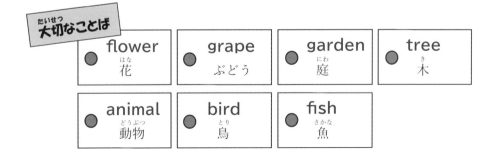

No. 9  **156**

① ② ③

☆ My birthday is in March.（わたしの誕生日
は 3 月です。）

★ 1　It's this afternoon.（きょうの午後です。）

★ 2　A birthday cake.（誕生日のケーキです。）

★ 3　Mine is in September.（わたしは9月です。）

【解説】話の流れから、自分の誕生日について話
していることがわかります。よって、正解は 3。

No. 10  **157**

① ② ③

☆ Where's your umbrella?（あなたの傘はどこ
ですか。）

★ 1　In Dad's car.（父の車の中です。）

★ 2　My friend.（わたしの友達です。）

★ 3　After school.（放課後です。）

【解説】「どこ」という問いに対する返答なので、
正解は 1。

 大切なことば ― スポーツ

● basketball バスケットボール	● tennis テニス
● baseball 野球	● soccer サッカー

Good !

2) 第2部 対話の中で質問に答える問題

対話を聞き、その質問に対して最も適切な答えを4つの選択肢から選びましょう。対話と質問はそれぞれ二度くり返されます。

問題は No.11 から No.15 まで5題で、解答時間はそれぞれ10秒です。
（★＝男性A　☆＝女性A　☆☆＝女性B）

No.11

☆ Peter, can you come to my party on Sunday?
（ピーター、日曜日にわたしのパーティーに来ることができますか。）

★ Yes, Lisa. See you then. （はい、リサ。またそのときに会いましょう。）

☆☆ Question: When is Lisa's party?
（質問：リサのパーティーはいつですか。）

① ② ③ ④

1 On Friday.
2 On Saturday.
3 On Sunday.
4 On Monday.

1 金曜日に
2 土曜日に
3 日曜日に
4 月曜日に

【解説】ピーターに「日曜日に」とたずねていますので、正解は3。

No.12

☆ How many students are in your class, Mike?
（マイク、あなたのクラスには、何人生徒がいますか。）

★ There are thirty-three. （33人です。）

☆☆ Question: How many students are in Mike's class? （質問：マイクのクラスには何人の生徒がいますか。）

① ② ③ ④

1 13.
2 23.
3 30.
4 33.

1 13人
2 23人
3 30人
4 33人

【解説】「33人」と返答していますので、正解は4。

No.13

① ② ③ ④

1 Calling her friend.
2 Buying some food.
3 Making breakfast.
4 Clearing the kitchen.

1　友達に電話をしている
2　食べ物を買っている
3　朝食を作っている
4　キッチンを掃除している

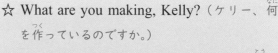

☆ What are you making, Kelly?（ケリー、何を作っているのですか。）
★ Some pancakes for breakfast, Dad.（お父さん、朝食のためのパンケーキです。）

☆☆ Question: What is Kelly doing?
（質問：ケリーは何をしていますか。）

【解説】ケリーは「朝食のためのパンケーキ」と返答していますので、正解は 3。

No.14

① ② ③ ④

1 The boy.
2 The boy's mother.
3 The girl.
4 The girl's mother.

1　その少年
2　その少年の母親
3　その少女
4　その少女の母親

☆ I go to the park with my mom every Sunday.（わたしは毎週日曜日にわたしの母と公園に行きます。）
★ I go there on Saturdays.（わたしは土曜日にそこに行きます。）

☆☆ Question: Who goes to the park on Saturdays?（質問：だれが土曜日に公園に行きますか。）

【解説】少年は、「わたしは土曜日にそこに行きます」と返答していますので、正解は 1。

No.15

☆ Do your brothers like sports?（あなたの兄弟（きょうだい）はスポーツが好（す）きですか。）

★ Yes. Paul likes volleyball, and Fred likes baseball and basketball.（はい、ポールはバレーボールが好（す）きです。そして、フレッドは野球（やきゅう）とバスケットボールが好（す）きです。）

☆☆ Question: What sport does Paul like?（質問（しつもん）：ポールは何（なん）のスポーツが好（す）きですか。）

① ② ③ ④

1　Basketball.

2　Volleyball.

3　Baseball.

4　Softball.

1　バスケットボール

2　バレーボール

3　野球（やきゅう）

4　ソフトボール

【解説（かいせつ）】「ポールはバレーボールが好（す）き」と言（い）っていますので、正解（せいかい）は 2。

Good !

大切（たいせつ）なことば

● month がつ or つき 月	● calendar カレンダー	● color いろ 色	● number かず　ばんごう 数/番号
● family かぞく 家族	● name なまえ 名前	● passport パスポート	● plane ひこうき 飛行機
● coin こうか 硬貨			

3) 第3部 絵の内容を聞き取る問題

　絵の内容を最もよく表しているものを、放送される3つの英文の中から一つ選びましょう。英文は二度くり返されます。

　問題はNo.16からNo.25まで10題で、解答時間はそれぞれ10秒です。
（★＝男性A　☆＝女性A　☆☆＝女性B）

No. 16

① ② ③

★1　Vitoria is using chopsticks.（ビクトリアは箸を使っています。）

★2　Vitoria is using a fork.（ビクトリアはフォークを使っています。）

★3　Vitoria is using a knife.（ビクトリアはナイフを使っています。）

【解説】イラストから判断しますと、正解は2。

No. 17

① ② ③

☆1　Miho is painting a picture.（ミホは絵を描いています。）

☆2　Miho is writing an e-mail.（ミホは電子メールを書いています。）

☆3　Miho is reading a magazine.（ミホは雑誌を読んでいます。）

【解説】イラストから判断しますと、正解は3。

No. 18

★ 1　Matt goes to bed at eight every day.（マット
は毎日 8 時に 就 寝します。）

★ 2　Matt comes home at eight every day.（マッ
トは毎日 8 時に帰宅します。）

★ 3　Matt goes to school at eight every day.（マッ
トは毎日 8 時に登校します。）

① ② ③

【解説】イラストから判断しますと、正解は 1。

No. 19

☆ 1　Ms. Carter is eating a pizza.（カーターさんは
ピザを食べています。）

☆ 2　Ms. Carter is buying a pizza.（カーターさん
はピザを買っています。）

☆ 3　Ms. Carter is cutting a pizza.（カーターさん
はピザを切っています。）

① ② ③

【解説】イラストから判断しますと、正解は 3。

No. 20

★ 1　Jim is looking at a bike.（ジムは自転車を見て
います。）

★ 2　Jim is riding a bike.（ジムは自転車に乗ってい
ます。）

★ 3　Jim is washing a bike.（ジムは自転車を洗って
います。）

① ② ③

【解説】イラストから判断しますと、正解は 1。

No. 21　168

☆ 1　It's 12:25.（12 時 25 分です。）

☆ 2　It's 12:35.（12 時 35 分です。）

☆ 3　It's 12:55.（12 時 55 分です。）

① ② ③

【解説】イラストから判断しますと、正解は 3。

No. 22　169

★ 1　The banana is on the cup.（バナナはコップの
上にあります。）

☆ 2　The banana is by the cup.（バナナはコップの
そばにあります。）

☆ 3　The banana is in the cup.（バナナはコップの
中にあります。）

① ② ③

【解説】イラストから判断しますと、正解は 2。

No. 23　170

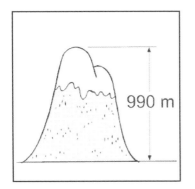

☆ 1　The mountain is 909 meters high.（山は 909
メートルです。）

☆ 2　The mountain is 919 meters high.（山は 919
メートルです。）

☆ 3　The mountain is 990 meters high.（山は 990
メートルです。）

① ② ③

【解説】イラストから判断しますと、正解は 3。

No. 24

★1 Jason's mouse is on his hand.（ジェイソンの
ネズミは彼の手の上にいます。）

★2 Jason's mouse is on his head.（ジェイソンの
ネズミは彼の頭の上にいます。）

★3 Jason's mouse is on his leg.（ジェイソンのネ
ズミは彼の足の上にいます。）

【解説】イラストから判断しますと、正解は2。

① ② ③

No. 25

☆1 Lucy and Mark are at the beach.（ルーシーと
マークはビーチにいます。）

☆2 Lucy and Mark are at the bookstore.（ルーシー
とマークは本屋にいます。）

☆3 Lucy and Mark are at the bank.（ルーシーと
マークは銀行にいます。）

【解説】イラストから判断しますと、正解は1。

① ② ③

大切なことば

- mine
  私のもの

- yours
  あなたのもの／あなた達のもの

- ours
  私達のもの

- his
  彼のもの

- hers
  彼女のもの

- theirs
  彼らのもの／彼女らのもの

3 2020年度 第3回

（2020年度第3回実用英語技能検定 5級）

（1）読解

1）空所補充問題①

次の（1）から（15）までの（　　）に入れるのに最も適切なものを1，2，3，4の中から一つ選び、その番号のマーク欄をぬりつぶしなさい。

（1）A: When do you usually have（　　）?

B: At 12:30. I eat in my classroom.

1　lunch　　2　hour　　3　study　　4 morning

①②③④

【訳】A：普通、いつ（　　　）を食べますか。

B：12時30分です。わたしは教室で食べます。

【解説】選択肢は、1　昼食、2　時、3　勉強、4　朝となっています。Bの返答に「わたしは教室で食べます」とありますので、昼食だとわかります。正解は1。

（2）Sam likes sports and can（　　）very fast.

1　run　　2　sleep　　3　see　　4　rain

①②③④

【訳】サムはスポーツが好きで、とても速く（　　　）。

【解説】選択肢は、1　走る、2　眠る、3　見る、4　雨が降る。「スポーツが好き」とありますので、「走る」だとわかります。正解は1。

(3) Jack is on the school tennis （　　）.　①②③④

　　1　team　　2　pool　　3　box　　4　home

【訳】ジャックは学校のテニス（　　　　）に入っています。

【解説】選択肢は、1　チーム、2　プール、3　箱、4　家。「学校のテニス」とありますので、チームだとわかります。正解は1。

(4) A: What color do you like?　①②③④

　　B: I like （　　）.

　　1　trees　　2　music　　3　black　　4　birds

【訳】A：何色が好きですか。

　　B：わたしは（　　　）が好きです。

【解説】選択肢は、1　木、2　音楽、3　黒色、4　鳥。Aは何色が好きかたずねていますので、Bの返答は「黒」。正解は3。

(5) A: I want a glass of （　　）, Mom.　①②③④

　　B: Here you are, Tom.

　　1　milk　　2　meat　　3　bread　　4　fish

【訳】A：お母さん、僕は（　　　）を1杯欲しい。

　　B：どうぞ、トム。

【解説】選択肢は、1　牛乳、2　肉、3　パン、4　魚。「1杯」と言っていますので、Aは牛乳が欲しいことがわかります。正解は1。

(6) The eighth month of the year is （　　）.　①②③④

　　1　May　　2　June　　3　July　　4　August

【訳】一年で8番目の月は（　　）です。

【解説】選択肢は、1　5月、2　6月、3　7月、4　8月。8番目の月は8月。正解は4。

(7) A: Where is your dog?

B: He's （　　　） the chair.

1　about　　2　to　　3　for　　4　under

【訳】A：あなたの犬はどこにいますか。

　　　B：彼はいすの（　　　　）にいます。

【解説】A はどこに犬がいるのかとたずねていますので、それに対する B の返答は、「犬はいすの下にいます」。正解は 4。

(8) A: Bye, Peter.

B: Bye, Sam. （　　　） you tomorrow.

1　Read　　2　Use　　3　See　　4　Open

【訳】A：じゃあね、ピーター。

　　　B：じゃあね、サム。明日（　　　　）。

【解説】選択肢は、1　読む、2　使う、3　会う、4　開く。別れ際なので、B は「明日あなたに会いましょう」と言ったことがわかります。See you. は別れる際のあいさつになります。正解は 3。

(9) Lucy plays tennis （　　　） school every day.

1　with　　2　after　　3　on　　4　about

【訳】ルーシーは毎日（　　　　）テニスをします。

【解説】「放課後に」という意味で school の前につく前置詞は after になります。after school で、放課後という表現を覚えましょう。正解は 2。

(10) My name is Linda Ford. I'm （　　　） Australia.

1　from　　2　to　　3　out　　4　down

【訳】わたしの名前は、リンダ・フォードです。わたしはオーストラリア（　　　　　）です。

【解説】from ～で、～出身という表現を覚えましょう。正解は 1。

(11)　A: How （　　） is this swimming pool?

　　　B: It's 50 meters.

　　　1　old　　2　cold　　3　long　　4　young

①②③④

【訳】A：水泳プールは（　　　　）ですか。

　　　B：50メートルです。

【解説】会話からすると、AはBに対して、「水泳プールがどれくらいの長さか」とたずねたことがわかります。正解は3。

---

(12)　A: Look （　　） that bird, Mom.

　　　B: It's very pretty.

　　　1　at　　2　of　　3　with　　4　in

①②③④

【訳】A：お母さん、あの鳥を（　　　　　）。

　　　B：とてもかわいいわね。

【解説】Bは鳥を見て「とてもかわいい」と返答していますので、Aは鳥を「見て」と言ったことがわかります。look at ～で、～を見るという表現を覚えましょう。正解は1。

---

(13)　A: （　　） phone is this?

　　　B: It's Bill's.

　　　1　When　　2　Where　　3　Whose　　4　How

①②③④

【訳】A：この電話は（　　　　）。

　　　B：ビルのものです。

【解説】選択肢は、1　いつ、2　どこ、3　だれの、4　どのように。Bは「ビルのもの」と返答しているので、Aの質問はだれの電話なのかということがわかります。正解は3。

（14）I have two brothers. （　　　） names are Ben and Steve.

　　　1　My　　2　Your　　3　Our　　4　Their

①②③④

【訳】わたしには二人の兄弟がいます。（　　　　　）の名前はベンとスティーブです。

【解説】選択肢は、1　わたしの、2　あなたの、3　わたしたちの、4　彼らの。二人の兄弟なので、「彼らの名前」だとわかります。正解は 4。

（15）Please （　　　） quiet in the library.

　　　1　be　　2　is　　3　am　　4　are

①②③④

【訳】図書館では静かに（　　　　　）。

【解説】「してください」という命令形なので、動詞の原形の be だとわかります。正解は 1。

Good !

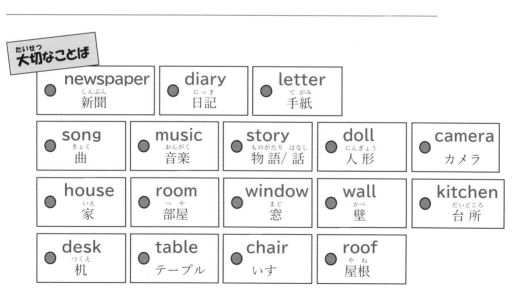

大切なことば

newspaper 新聞	diary 日記	letter 手紙

song 曲	music 音楽	story 物語/ 話	doll 人形	camera カメラ

house 家	room 部屋	window 窓	wall 壁	kitchen 台所

desk 机	table テーブル	chair いす	roof 屋根

2)　空所補充問題 ②

次の (16) から (20) までの会話について、（　　）に入れるのに最も適切なものを 1，2，3，4 の中から一つ選び、その番号のマーク欄をぬりつぶしなさい。

(16) Girl: Hi, my name is Sally. （　　）　　①②③④

　　Boy: My name is Bill.

　　1　What's your name?　　　2　How old are you?

　　3　Where's your house?　　4　When's your birthday?

【訳】少女：こんにちは、わたしの名前はサリー。（　　　　）。
　　少年：僕の名前はビルです。

【解説】選択肢は、1　あなたの名前は何ですか、2　あなたは何歳ですか、3　あなたの家はどこですか、4　あなたの誕生日はいつですか。「僕の名前はビルです」という返答になる質問は1の「あなたの名前は何ですか」になります。正解は1。

(17) Girl: Do you like my new skirt, Dad?　　①②③④

　　Father: （　　）

　　1　I'm fine.　　　　　2　You're welcome.

　　3　Yes, it's nice.　　4　No, it's not.

【訳】少女：わたしの新しいスカートは気に入りましたか、お父さん。
　　父：（　　　　）。

【解説】選択肢は、1　わたしは元気です、2　どういたしまして、3　はい、素敵です、4　いいえ、ちがいます。「新しいスカートは気に入りましたか」という質問に答えつつ、スカートをほめている 3 が正解。

(18) Father: Who is the letter from, Judy?　　①②③④

　　Girl: （　　）

　　1　It's from Grandma.　　2　I like her.

　　3　To the station.　　　　4　In Tokyo.

【訳】父：だれからの手紙ですか、ジュディ。
　　少女：（　　　　）。

【解説】選択肢は、1 それは祖母からです、2 わたしは彼女が好きです、3 駅へ、4 東京 で。だれからの手紙か聞いていますので、正解は 1。

(19) Girl 1: What does your sister do on Saturdays?

Girl 2: (　　)

①②③④

1　Thank you very much.　　　2　She plays with her dog.

3　It's January 11.　　　　　4　It's in the afternoon.

【訳】少女1：あなたのお姉さんは土曜日に何をしますか。

少女2：(　　　　　)。

【解説】選択肢は、1 ありがとうございます、2 彼女は彼女の犬と遊びます、3 1月 11 日です、4 午後です。何をするのかたずねていますので、正解は 2。

(20) Woman: Are you a cook?

Man: (　　) I work at a Chinese restaurant.

①②③④

1　I'm hungry.　　　　　2　I don't know.

3　Yes, please.　　　　　4　That's right.

【訳】女性：あなたは料理人ですか。

男性：(　　　　　)。中華料理店で働いています。

【解説】選択肢は、1 わたしはおなかが減っています、2 わたしは知りません、3 はい、お願いします、4 その通りです。「中華料理店で働いている」という返答がありますので、男性は料理人だとわかります。正解は4。

Good !

3) 整序問題

次の (21) から (25) までの日本文の意味を表すように①から④までを並べかえて [   ] の中に入れなさい。そして、1番目と3番目にくるものの最も適切な組合せを1，2，3，4の中から一つ選び、その番号のマーク欄をぬりつぶしなさい。※ただし、(   ) の中では、文のはじめにくる語も小文字になっています。

---

(21) あなたはテレビで何を見ますか。　　　　　　　　　　① ② ③ ④

（① you　② on　③ watch　④ do）

　　1番目　　　　　3番目

What [　　　] [　　　] [　　　] [　　　] TV?

　1　①-③　　2　③-①　　3　④-③　　4　②-④

【解説】「あなたは何を見ますか」は What do you watch ～？ と表現します。「テレビで」は on TV。正しい英文は What do you watch on TV? 正解は 3。

---

(22) ここで写真をとりましょう。　　　　　　　　　　① ② ③ ④

（① take　② picture　③ a　④ let's）

　1番目　　　　　3番目

[　　　] [　　　] [　　　] [　　　] here.

　1　①-②　　2　①-③　　3　②-③　　4　④-③

【解説】「写真をとる」は take a picture と表現します。正しい英文は Let's take a picture here. 正解は 4。

---

(23) あなたの英語の先生はだれですか。　　　　　　　　① ② ③ ④

（① English　② is　③ who　④ your）

　1番目　　　　　3番目

[　　　] [　　　] [　　　] [　　　] teacher?

　1　④-①　　2　③-④　　3　①-②　　4　②-③

【解説】「～はだれですか」は、who is ～？ と表現します。正しい英文は Who is your English teacher? 正解は 2。

(24) 今、このプレゼントを開けてもいいですか。 ① ② ③ ④

（① open　② this present　③ can　④ I）

1番目　　　　　3番目

[　　] [　　] [　　] [　　] now?

1　③-①　　2　④-②　　3　③-②　　4　①-③

【解説】「～してもいいですか」は Can I ～? と表現します。正しい英文は、Can I open this present? 正解は1。

(25) ロジャースさんは、毎日朝食前に泳ぎます。 ① ② ③ ④

（① swims　② breakfast　③ before　④ Mr. Rogers）

1番目　　　　　3番目

[　　] [　　] [　　] [　　] every day.

1　②-④　　2　①-③　　3　④-③　　4　③-①

【解説】「朝食前」は before breakfast と表現します。正しい英文は、Mr. Rogers swims before breakfast every day. 正解は3。

Good !

大切なことば―順番を表すことば

first 1番目の	second 2番目の	third 3番目の	fourth 4番目の
fifth 5番目の	sixth 6番目の	seventh 7番目の	eighth 8番目の
ninth 9番目の	tenth 10番目の	eleventh 11番目の	twelfth 12番目の

（2）リスニング

1）第1部　イラストに合う会話を選ぶ問題（※ 例題は p.55 を参照）

　イラストを参考にしながら英文と応答を聞き、最も適切な応答を 1，2，3 の中から一つ選びましょう。第 1 部の例題の絵を見てください。英文とそれに続く応答が二度くり返されます。

　問題は No. 1 から No. 10 まで 10 題で、解答時間はそれぞれ 10 秒です。
（★＝男性 A　☆＝女性 A　☆☆＝女性 B）

No. 1 173

☆ Let's go to the movies this afternoon.（きょうの午後、映画を観に行きましょう。）

★1　I'm thirteen years old.（わたしは 13 歳です。）

★2　Good idea.（いい考えです。）

★3　With my friend.（友達と一緒です。）

① ② ③

【解説】「観に行きましょう」の誘いに対する返答なので、正解は 2。

No.2 174

★ Hi, Lucy. How are you today?（こんにちは、ルーシー。きょうは元気ですか。）

☆1　Fine, thanks.（元気です、ありがとう。）

☆2　You, too.（あなたも。）

☆3　By bike.（自転車で。）

① ② ③

【解説】「元気ですか」の問いに対する返答なので、正解は 1。

No. 3  175

☆ Is Ben from Tronto?（ベンはトロント出身<ruby>出身<rt>しゅっしん</rt></ruby>

ですか。）

★1　He's tall.（<ruby>彼<rt>かれ</rt></ruby>は<ruby>身長<rt>しんちょう</rt></ruby>が<ruby>高<rt>たか</rt></ruby>いです。）

★2　On the baseball team.（<ruby>野球部員<rt>やきゅうぶいん</rt></ruby>です）

★3　Yes, he is.（はい、<ruby>彼<rt>かれ</rt></ruby>はそうです。）

① ② ③

【<ruby>解説<rt>かいせつ</rt></ruby>】「トロント<ruby>出身<rt>しゅっしん</rt></ruby>ですか」という<ruby>問<rt>と</rt></ruby>いに<ruby>対<rt>たい</rt></ruby>する<ruby>返答<rt>へんとう</rt></ruby>なので、<ruby>正解<rt>せいかい</rt></ruby>は 3。

No. 4  176

☆ What day is it today, Dad?（お<ruby>父<rt>とう</rt></ruby>さん、きょうは<ruby>何曜日<rt>なんようび</rt></ruby>ですか。）

★1　It's windy.（<ruby>風<rt>かぜ</rt></ruby>が<ruby>強<rt>つよ</rt></ruby>いです。）

★2　It's Tuesday.（<ruby>火曜日<rt>かようび</rt></ruby>です。）

★3　It's my calendar.（それは、わたしのカレンダーです。）

① ② ③

【<ruby>解説<rt>かいせつ</rt></ruby>】「<ruby>何曜日<rt>なんようび</rt></ruby>ですか」という<ruby>問<rt>と</rt></ruby>いに<ruby>対<rt>たい</rt></ruby>する<ruby>返答<rt>へんとう</rt></ruby>なので、<ruby>正解<rt>せいかい</rt></ruby>は 2。

 <ruby>大切<rt>たいせつ</rt></ruby>なことば

● all すべて	● very とても	● much たくさん
● well <ruby>上手<rt>じょうず</rt></ruby>に・よく	● never 1<ruby>度<rt>ど</rt></ruby>も〜ない	● really ほんとうに

No. 5

★ What do you drink at lunchtime?（昼食の時間に何を飲みますか。）

☆ 1　Coffee.（コーヒーです。）

☆ 2　That's nice.（それはいいです。）

☆ 3　Every day.（毎日です。）

【解説】「何を飲みますか」という問いに対する返答なので、正解は 1。

No. 6

★ How is the weather there?（そちらの天気はどうですか。）

☆ 1　I'm here.（わたしはここにいます。）

☆ 2　It's snowy.（雪が降っています。）

☆ 3　It's Thursday.（木曜日です。）

【解説】「天気はどうですか」という問いに対する返答なので、正解は 2。

● long 長い	● short 短い	● new 新しい	● old 古い／年とった
● young 若い	● good 良い	● nice 良い	● bad 悪い
● strong 強い	● beautiful 美しい		

No. 7  179

① ② ③

☆ Does your father read the newspaper every day?（あなたのお父さんは毎日新聞を読みますか。）

★1　No, he doesn't.（いいえ、彼はしません。）

★2　You're welcome.（どういたしまして。）

★3　He's 45.（彼は45歳です。）

【解説】「新聞を読みますか」という問いに対する返答なので、正解は1。

No. 8 180

① ② ③

☆ This is my dog. His name is Spot.（これはわたしの犬です。彼の名前はスポットです。）

★1　No, I don't.（いいえ、わたしはしません。）

★2　His ears are cute.（彼の耳はかわいいです。）

★3　Some water.（水）

【解説】犬の話題に対する返答なので、正解は2。

大切なことば

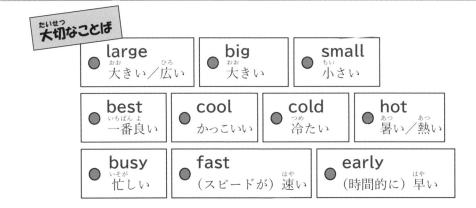

large 大きい／広い	big 大きい	small 小さい
best 一番良い	cool かっこいい	cold 冷たい	hot 暑い／熱い
busy 忙しい	fast （スピードが）速い	early （時間的に）早い

No. 9

☆ Do you like tennis?（テニスは好きですか。）

★1　Yes, it's a fun sport.（はい、それは楽しいスポーツです。）

★2　On March 5.（3月5日です。）

★3　No, it's in my bag.（いいえ、わたしのバッグの中にあります。）

①②③

【解説】「テニスは好きですか」という問いに対する返答なので、正解は1。

No. 10

★ What are you reading, Mom?（お母さん、何を読んでいますか。）

☆1　At the bookstore.（本屋で）

☆2　In 20 minutes.（20分で）

☆3　A letter from my friend.（わたしの友達からの手紙です。）

①②③

【解説】「何を読んでいるのですか」という問いに対する返答なので、正解は3。

Good !

大切なことば

hair 髪	mouth 口	eye 目
ear 耳	face 顔	head 頭

2) 第2部 対話の中で質問に答える問題

対話を聞き、その質問に対して最も適切な答えを4つの選択肢から一つ選びましょう。
対話と質問はそれぞれ二度くり返されます。

問題は No.11 から No.15 まで5題で、解答時間はそれぞれ10秒です。
（★＝男性A　☆＝女性A　☆☆＝女性B）

No.11

① ② ③ ④

1　At school.
2　At a restaurant.
3　In the kitchen.
4　In the bedroom.

1　学校に
2　レストランに
3　キッチンに
4　寝室に

☆ I'm home, Dad. Where's Mom?（ただいま、お父さん。お母さんはどこですか。）

★ She's making dinner in the kitchen, Sally.（彼女はキッチンで夕食を作っています、サリー。）

☆☆ Question: Where is Sally's mother?（質問：サリーの母親はどこにいますか。）

【解説】父親は、「キッチンで夕食をつくっている」と返答していますので、正解は3。

 大切なことば―色

	red 赤色		blue 青色		yellow 黄色		black 黒色		white 白色
	brown 茶色		green 緑色		orange オレンジ色				

red　あかいろ　赤色
blue　あおいろ　青色
yellow　きいろ　黄色
black　くろいろ　黒色
white　しろいろ　白色
brown　ちゃいろ　茶色
green　みどりいろ　緑色
orange　いろ　オレンジ色

No.12 184

☆ Do you play the violin, Fred?（フレッド、バイオリンを弾<ruby>弾<rt>ひ</rt></ruby>きますか。）

★ No, Cindy. But my father does. （いいえ、シンディ。でもわたしの<ruby>父親<rt>ちちおや</rt></ruby>は<ruby>弾<rt>ひ</rt></ruby>きます。）

☆☆ Question: Who plays the violin?（<ruby>質問<rt>しつもん</rt></ruby>：バイオリンを<ruby>弾<rt>ひ</rt></ruby>くのはだれですか。）

① ② ③ ④

1　Cindy does.

2　Fred does.

3　Cindy's father does.

4　Fred's father does.

1　シンディが<ruby>弾<rt>ひ</rt></ruby>きます。

2　フレッドが<ruby>弾<rt>ひ</rt></ruby>きます。

3　シンディの<ruby>父親<rt>ちちおや</rt></ruby>が<ruby>弾<rt>ひ</rt></ruby>きます。

4　フレッドの<ruby>父親<rt>ちちおや</rt></ruby>が<ruby>弾<rt>ひ</rt></ruby>きます。

【<ruby>解説<rt>かいせつ</rt></ruby>】フレッドは、「わたしの<ruby>父親<rt>ちちおや</rt></ruby>は<ruby>弾<rt>ひ</rt></ruby>きます」と<ruby>返答<rt>へんとう</rt></ruby>していますので、<ruby>正解<rt>せいかい</rt></ruby>は 4。

No.13 185

☆ Which shirt do you want, Steve? The red one, or the blue one?（スティーブ、どちらのシャツが<ruby>欲<rt>ほ</rt></ruby>しいですか。<ruby>赤<rt>あか</rt></ruby>のシャツですか、それとも<ruby>青<rt>あお</rt></ruby>のシャツですか。）

★ The blue one, Mom. （<ruby>青<rt>あお</rt></ruby>いシャツです、お<ruby>母<rt>かあ</rt></ruby>さん。）

☆☆ Question: Which shirt does Steve want?（<ruby>質問<rt>しつもん</rt></ruby>：スティーブはどちらのシャツが<ruby>欲<rt>ほ</rt></ruby>しいですか。）

① ② ③ ④

1　The black one.

2　The blue one.

3　The red one.

4　The yellow one.

1　<ruby>黒<rt>くろ</rt></ruby>いシャツ

2　<ruby>青<rt>あお</rt></ruby>いシャツ

3　<ruby>赤<rt>あか</rt></ruby>いシャツ

4　<ruby>黄色<rt>きいろ</rt></ruby>のシャツ

【<ruby>解説<rt>かいせつ</rt></ruby>】スティーブは、「<ruby>青<rt>あお</rt></ruby>いシャツ」と<ruby>返答<rt>へんとう</rt></ruby>していますので、<ruby>正解<rt>せいかい</rt></ruby>は 2。

No.14  186

① ② ③ ④

1 In September.

2 In October.

3 In November.

4 In December.

1　9月に

2　10月に

3　11月に

4　12月に

☆ Is the school festival in September?（学園祭は9月にありますか。）

★ No, it's in October.（いいえ、10月にあります。）

☆☆ Question: When is the school festival?（質問：学園祭はいつですか。）

【解説】10月と返答していますので、正解は2。

No.15  187

① ② ③ ④

1 He watches TV.

2 He washes the dishes.

3 He does his homework.

4 He reads a book.

1　彼はテレビを観ます。

2　彼は皿を洗います。

3　彼は宿題をします。

4　彼は本を読みます。

☆ I do my homework before dinner.（わたしは、夕食前に宿題をします。）

★ Me, too. After dinner, I watch TV.（わたしもです。夕食後、わたしはテレビを観ます。）

☆☆ Question: What does the boy do after dinner?（質問：少年は夕食後何をしますか。）

【解説】「わたしはテレビを観ます」と言っていますので、正解は1。

Good!

3）第 3 部　絵の内容を聞き取る問題

　絵の内容を最もよく表しているものを、放送される 3 つの英文の中から一つ選びましょう。英文は二度くり返されます。

　問題は No.16 から No.25 まで 10 題で、解答時間はそれぞれ 10 秒です。
（★＝男性 A　☆＝女性 A　☆☆＝女性 B）

No. 16

★1　You can't use a phone here.（電話をここで使うことはできません。）

★2　You can't eat here.（ここで食べることはできません。）

★3　You can't run here.（ここで走ることはできません。）

①②③

【解説】イラストから判断しますと、正解は 1。

No. 17

☆1　Mike is looking at a sheep.（マイクは羊を見ています。）

☆2　Mike is looking at a horse.（マイクは馬を見ています。）

☆3　Mike is looking at a pig.（マイクは豚を見ています。）

①②③

【解説】イラストから判断しますと、正解は 1。

No. 18

① ② ③

★ 1　The boys are eating in the park.（少年たち
は公園で食事をしています。）

★ 2　The boys are playing in the park.（少年たち
は公園で遊んでいます。）

★ 3　The boys are sitting in the park.（少年たち
は公園で座っています。）

【解説】イラストから判断しますと、正解は 2。

No. 19

① ② ③

☆ 1　Kathy goes to work at 6:05.（キャシーは 6 時
5 分に仕事に行きます。）

☆ 2　Kathy goes to work at 6:15.（キャシーは 6 時
15 分に仕事に行きます。）

☆ 3　Kathy goes to work at 6:50.（キャシーは 6 時
50 分に仕事に行きます。）

【解説】イラストから判断しますと、正解は 3。

No. 20 🎧 192

① ② ③

★ 1　The cat is under the chair.（猫はいすの下にい
ます。）

★ 2　The cat is on the chair.（猫はいすの上にいま
す。）

★ 3　The cat is by the chair.（猫はいすのそばにい
ます。）

【解説】イラストから判断しますと、正解は 1。

No. 21

☆ 1　The students have an English class this morning.（生徒たちは今朝、英語の授業があります。）

☆ 2　The students have an art class this morning. （生徒たちは今朝、芸術の授業があります。）

☆ 3　The students have a math class this morning. （生徒たちは今朝、数学の授業があります。）

【解説】イラストから判断しますと、正解は3。

① ② ③

No. 22

★ 1　A rabbit is on the desk.（ウサギが机の上にいます。）

★ 2　A rabbit is on the chair.（ウサギがいすの上にいます。）

★ 3　A rabbit is on the floor.（ウサギが床の上にいます。）

【解説】イラストから判断しますと、正解は3。

① ② ③

No. 23

☆ 1　Louise is in the computer club at school.（ルイーズは学校で、コンピューターのクラブに入っています。）

☆ 2　Louise is in the cooking club at school.（ルイーズは学校で、料理クラブに入っています。）

☆ 3　Louise is in the music club at school.（ルイーズは学校で、音楽クラブに入っています。）

【解説】イラストから判断しますと、正解は2。

① ② ③

No. 24  196

★ 1　Please open your textbooks to page 107.
（教科書の 107 ページを開いてください。）

★ 2　Please open your textbooks to page 117.
（教科書の 117 ページを開いてください。）

★ 3　Please open your textbooks to page 170.
（教科書の 170 ページを開いてください。）

① ② ③

【解説】イラストから判断しますと、正解は 3。

No. 25 197

☆ 1　Luke is taking a picture of some mountains.
（ルークは山の写真をとっています。）

☆ 2　Luke is taking a picture of some planes.
（ルークは飛行機の写真をとっています。）

☆ 3　Luke is taking a picture of some buildings.（ルークは建物の写真をとっています。）

① ② ③

【解説】イラストから判断しますと、正解は 1。

大切なことば

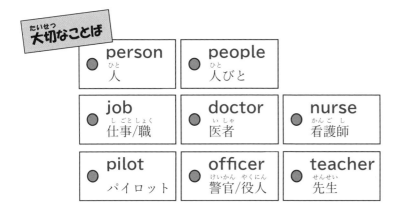

- **person**
  ひと
  人
- **people**
  ひと
  人びと
- **job**
  しごとしょく
  仕事/職
- **doctor**
  いしゃ
  医者
- **nurse**
  かんごし
  看護師
- **pilot**
  パイロット
- **officer**
  けいかん やくにん
  警官/役人
- **teacher**
  せんせい
  先生

Good !

■著者紹介

杉田　米行　（すぎた　よねゆき）

同志社大学英語嘱託講師
ウィスコンシン大学マディソン校歴史学研究科修了（Ph.D.）
大学・高専等で 30 年以上英語を教えているほか、翻訳・通訳、民間企業
の英語研修・国際化コンサルタント等を行っている。

英語関連の主な著作
『英検®合格！ENGLISH for FUN!』シリーズ（一ツ橋書店）
『語学シリーズ』（監修：大学教育出版）
『ハローキティと楽しく学ぶ英検４級』（実業之日本社）
『ハローキティと楽しく学ぶ英検３級』（実業之日本社）
『英検４級らくらく合格一直線』（実業之日本社）
『英検３級らくらく合格一直線』（実業之日本社）
『図解入門ビジネス英文ビジネスＥメールの鉄則と極意（最新改訂版）』（秀
　和システム）
『トータル・イングリッシュ』（編著：大阪大学出版会）
『英字新聞「日経ウィークリー」活用法１・２・３』（編著：大学教育出版）
『Speed Reading テキスト　１・２・３』（Kindle 版）など

米作先生の英検®合格請負人シリーズ
これだけでバッチリ📢英検®5級

2023 年 5 月 25 日　初版第 1 刷発行

■著　　者──杉田米行
■第 1 章 登場人物イラスト─満処絵里香
■発 行 者──佐藤　守
■発 行 所──株式会社 大学教育出版
　　　　　　　〒 700-0953　岡山市南区西市 855-4
　　　　　　　電話（086）244-1268　FAX（086）246-0294
■印刷製本──モリモト印刷㈱

ISBN978-4-86692-193-8
このコンテンツは、公益財団法人 日本英語検定協会の承認や推奨、その他の検討を受けたも
のではありません。